U0665840

基础设施
PPP项目可持续性：
驱动机制与实施路径

Infrastructure PPP Project Sustainability:
Driving Mechanism and Implementation Path

王 丹 著

中国建筑工业出版社

图书在版编目（CIP）数据

基础设施 PPP 项目可持续性：驱动机制与实施路径 =
Infrastructure PPP Project Sustainability: Driving
Mechanism and Implementation Path / 王丹著 .
北京：中国建筑工业出版社，2025.4. -- ISBN 978-7
-112-31033-3

Ⅰ . F299.24

中国国家版本馆 CIP 数据核字第 2025YR8700 号

本书聚焦于政府和社会资本合作（PPP）模式在基础设施项目中的可持续性问题，系统探讨了PPP项目可持续性的驱动机制、评价框架及实施路径。通过对PPP项目全生命周期和利益相关者视角的整合，本书构建了基于"三重底线"原则的可持续性评价框架，并深入分析了公共部门、社会资本及社会公众在PPP项目中的动态关系。此外，本书还提出了面向可持续目标的补贴激励机制，为PPP项目的规范运行和高质量发展提供了理论支持和实践指导。

本书适用于从事PPP研究、政策制定及实践操作的政府官员、企业管理者、科研人员及高校师生。同时，本书也为关注基础设施可持续发展问题的读者提供了系统的理论框架和实践案例，具有较强的学术价值和现实意义。

责任编辑：牟琳琳　张　晶
书籍设计：锋尚设计
责任校对：张　颖

基础设施PPP项目可持续性：驱动机制与实施路径
Infrastructure PPP Project Sustainability:
Driving Mechanism and Implementation Path
王　丹　著

*
中国建筑工业出版社出版、发行（北京海淀三里河路9号）

各地新华书店、建筑书店经销

北京锋尚制版有限公司制版

建工社（河北）印刷有限公司印刷

*

开本：787毫米×960毫米　1/16　印张：10¼　字数：174千字

2025年8月第一版　　2025年8月第一次印刷

定价：48.00元

ISBN 978-7-112-31033-3

（44861）

版权所有　翻印必究

如有内容及印装质量问题，请与本社读者服务中心联系

电话：（010）58337283　QQ：2885381756

（地址：北京海淀三里河路 9 号中国建筑工业出版社 604 室　邮政编码：100037）

前　言

P R E F A C E

随着全球经济的快速发展和城市化进程的加速，基础设施建设的需求日益增长，但政府财政压力也随之加大。政府和社会资本合作（PPP）模式作为一种创新的融资和管理方式，在全球范围内得到了广泛应用。特别是在中国，PPP模式在交通、环保、城镇开发等领域取得了显著成效，已成为全球最大的PPP市场。然而，尽管PPP模式在缓解财政压力、提高公共服务效率方面发挥了重要作用，但其在可持续性方面的表现仍存在诸多问题。许多PPP项目过于关注短期经济效益，忽视了社会和环境效益，导致项目可持续性水平较低，难以实现长期的社会福利最大化。2002年可持续发展世界首脑会议首次提出将PPP作为实现可持续发展的重要工具。然而，如何在PPP项目中平衡经济、社会和环境效益，仍是一个亟待解决的核心问题。现有研究多集中于PPP项目的可持续性评价，缺乏对驱动机制和实施路径的系统探讨。

本书的编写旨在系统探讨基础设施PPP项目的可持续性驱动机制与实施路径，为政府、社会资本和项目管理者提供理论支持和实践指导。本书结合系统思维与全生命周期管理，提出了PPP项目可持续性的驱动机制，并构建了相应的理论模型，为基础设施PPP项目的可持续管理提供了系统化的框架。研究指出，PPP项目的可持续性不仅依赖于经济、社会和环境三大维度的平衡，还需要在项目的全生命周期内关注关键利益相关者之间的动态关系。通过构建系统动力学模型，本书验证了在不同条件下，公共部门与社会资本的投入、利益相关者的合作模式以及政府补贴政策对PPP项目可持续性的影响。此外，本书还探讨了PPP项目在绩效管理中的跨期效应，揭示了项目初期的建设质量和政府政策的决策对项目后期运营质量的重要影响。在激励机制方面，本书重点分析了政府补贴对私营部门参与PPP项目的激励效果，提出了基于绩效的动态补贴机制设计，为激励社会资本参与和提高项目可持续性提供了可行的政策建议。通过对私营收费公路PPP项目的激励策略进行深入分析，本书还提出了基于预定质量和社会福利最大化的激励方案，为政府制定更加精细化的激励政策提供了实证支持。

本书作者王丹为重庆大学公共管理学院副教授，博士毕业于天津大学管理与经济学部，书中部分内容来源于作者与其他学者的合作研究成果。在此，特别感谢王雪青（天津大学教授）、刘炳胜（河北工业大学副校长、教授，重庆大学教授）的大力支持，感谢天津大学张逸婷博士、河北工业大学刘云峰博士等的合作成果及宝贵建议。此外，本书得到了中央高校基本科研业务费项目《基础设施PPP项目可持续性驱动机制研究》（项目号：2023CDJXY-001）和国家自然科学基金青年项目《"三生空间"视角下老旧小区改造多主体协同治理机制研究》（项目号：72304051）的支持与资助。

由于PPP新机制的不断发展以及国际学术界对PPP相关术语的翻译和定义存在差异，部分术语可能与国内常见表述略有不同，敬请读者谅解。

2025年3月

目 录
CONTENTS

1

绪论

1.1 研究背景

随着经济的迅速发展和社会的不断进步，人们的生活水平日益提升，对公共服务类基础设施的需求不断扩大，给政府带来了巨大的财政压力，这一需求与供给之间的矛盾刺激了政府和社会资本合作（Public-Private Partnership，PPP）模式的应用与发展。国家部委及地方政府均相继发文推动PPP模式的应用，PPP模式的潜力得到很大程度释放，在交通、环保、城镇开发等19个一级行业中都得到了广泛应用，我国已成为全球最大的PPP市场。2023年11月，国务院办公厅转发《关于规范实施政府和社会资本合作新机制的指导意见》，开启了PPP规范运作的新时代。2024年12月，国家发展改革委办公厅出台《关于进一步做好政府和社会资本合作新机制项目规范实施工作的通知》（发改办投资〔2024〕1013号），进一步规范了PPP新机制要求，强调聚焦使用者付费项目、全部采取特许经营模式、优先选择民营企业参与，为PPP规范运行提供了政策指导。

2002年可持续发展世界首脑会议上，PPP首次被提倡为实现可持续发展的工具，此后各界对可持续相关问题的探讨与研究越来越多。随着PPP模式在实现可持续方面的潜力不断被发掘，可持续发展逐渐成为各国政府、组织和行业在制定发展战略时遵循的理念。为了使PPP模式能够更好地助力宏观可持续目标的实现，首先要保证运用PPP模式的工程项目本身达到较高的可持续性水平。但是，大部分发展中国家应用PPP模式最直接的目的是解决地方政府的融资需求，而不是提高公共产品和服务的供给效率与社会福利。社会资本的逐利性在PPP模式运作过程中逐渐体现，尽管在项目中考虑可持续性原则可能会为企业创造一些经济利益，但考虑所有的可持续性措施并不一定符合企业自身利益，导致很多PPP项目只重点关注短期经济效益，而较少关注经济、社会与环境方面的可持续绩效，不利于PPP项目可持续目标的实现，严重阻碍了PPP市场朝着惠民生、高质量方向发展。

目前，PPP项目可持续性相关研究主要围绕可持续性评价开展。可持续性评价是测度PPP项目可持续水平的主要方法，也是实现PPP项目可持续的重要方式。经济、社会与环境可持续三个维度被视为PPP项目可持续性的"三重底线"。然而，由于PPP项目较一般工程项目更为复杂，仅依靠可持续评价无法达到持续改进PPP项目可持续水平的管理目标，应该同时着眼于对PPP项目可持续性驱动因素的控制。此外，由于PPP项目除了具有与普通工程项目相同的一次性、不可逆特征之外，还具有利益相关者关系与管理过程更加复杂等特性，因此对其进行的可持续管理应该基于系统的、长期的观点，综合考虑项目全生命周期与关键利益相关者诉求，才能更有效地实现可持续目标。总体而言，现有研究存在视角单一的不足，目前仍缺乏基于系统的思维方式，需整合项目全生命周期和利益相关者视角对PPP项目可持续性驱动机制进行研究的理论模型。

基于上述分析，本研究提出核心问题：PPP项目实现可持续目标的驱动机制及实施路径是什么？

具体而言，将围绕解决以下问题开展研究：

（1）PPP项目可持续性驱动机制是什么？

（2）如何构建PPP项目可持续性评价框架？

（3）面向可持续目标的PPP项目补贴激励机制是怎样的？

1.2 概念界定

1.2.1 可持续性概念及内涵

20世纪60年代，环保主义者在争论经济增长可能会对环境造成的影响时，创造了"可持续发展（Sustainable Development）"一词。1987年世界环境与发展委员会（WCED）于联合国第42届大会公布的报告——《我们共同的未来》，正式定义了"可持续发展"概念，即"既满足当代人的需要，又不损害后代人满足其需要的能力的发展"。可持续发展的三大基本原则是公平性、持续性、共同性。该报告发表以来，"可持续"一词被广泛认识，可持续发展涉及自然、环境、社会、经济、科技、政治等诸多方面，研究角度不同，对可持续发展所作的定义也就不同。

2015年，联合国制定了17个可持续发展目标（Sustainable Development Goals，SDGs），作为《2030年可持续发展议程》的组成部分，旨在从2015~2030年间推动全球以综合方式彻底解决社会、经济和环境三个维度的发展问题。具体目标包括：
①无贫穷（No Poverty）；②零饥饿（Zero Hunger）；③良好健康与福祉（Good Health
and Well-being）；④优质教育（Quality Education）；⑤性别平等（Gender Equality）；
⑥清洁饮水和卫生设施（Clean Water and Sanitation）；⑦经济适用和清洁能源
（Affordable and Clean Energy）；⑧体面工作和经济增长（Decent Work and Economic
Growth）；⑨产业、创新和基础设施（Industry Innovation and Infrastructure）；⑩减少不
平等（Reduced Inequality）；⑪可持续城市和社区（Sustainable Cities and Communities）；
⑫负责任消费和生产（Responsible Consumption and Production）；⑬气候行动（Climate
Action）；⑭水下生物（Life Below Water）；⑮陆地生物（Life on Land）；⑯和平、正义
和强大机构（Peace Justice and Strong Institutions）；⑰全球合作伙伴关系（Partnerships
for the Goals）。

1.2.2 PPP内涵及特征

　　PPP模式是主要应用于公共领域的一种项目运作模式，指政府与社会资本共同承
担建设基础设施项目或提供公共产品和服务，达成特许权协议而形成利益共享、风
险共担的长期合作伙伴关系。PPP最早于1982年由英国提出，于2014年正式引入我
国，先后经历推广、规范发展阶段。2023年11月3日，《国务院办公厅转发国家发展改
革委、财政部〈关于规范实施政府和社会资本合作新机制的指导意见〉的通知》（国
办函〔2023〕115号）颁布，规定了PPP新机制。2024年3月28日，国家发展改革委等
六部门联合发布《基础设施和公用事业特许经营管理办法》，对PPP项目的实施管理
进行了新的系统性规定。为了进一步细化和规范PPP项目的执行，《政府和社会资本
合作项目特许经营方案编写大纲（2024年试行版）》和《政府和社会资本合作项目特
许经营协议（编制）范本（2024年试行版）》陆续发布。这些文件的出台标志着我国
PPP进入了一个更加规范、透明和可操作的阶段。

　　PPP项目的参与方主要包括政府、社会资本、项目公司、融资方、承包商、产品
或服务购买方、保险公司以及专业机构等。PPP项目的全过程涉及项目立项、准备、
招标采购、合同谈判及签订项目执行和移交收尾诸多方面和环节。各参与方之间的权
利义务关系依托各种合同和协议。其中，政府与社会资本或项目公司签订的PPP项目

合同为核心合同。政府部门主要负责监管工作，以保证公共服务和基础设施的价格和质量符合要求。社会资本是PPP项目的实际投资人，通常专门成立针对项目的项目公司，作为PPP项目合同及其他相关合同的签约主体，负责项目融资、建设和运营维护等各阶段工作。社会资本通过长期的使用者付费和一定的政府付费来获得合理的投资回报。与传统项目运作模式相比，PPP模式不仅有效缓解了政府面临的财政压力，还充分利用了社会资本的技能、经验等，有助于提高公共服务供给的数量、质量和效率，进而增加社会福利。

PPP项目属于有经营性收益的项目，主要包括公路、铁路、民航基础设施和交通枢纽等交通项目，物流枢纽、物流园区项目，城镇供水、供气、供热、停车场等市政项目，城镇污水垃圾收集处理及资源化利用等生态保护和环境治理项目，具有发电功能的水利项目，体育、旅游公共服务等社会项目，智慧城市、智慧交通、智慧农业等新型基础设施项目，城市更新、综合交通枢纽改造等盘活存量和改扩建有机结合的项目。

PPP已被广泛应用于基础设施项目建设中，尤其适合大型基础设施和公共服务，在发达国家和发展中国家都得到了广泛应用。PPP的核心特征是：伙伴关系、利益共享以及风险共担。具体体现在：①适用于基础设施项目，通常投资规模大、项目生命周期长；②实施方式众多（BOT、TOT等），付费机制多样（使用者付费、政府付费等）；③政府部门通过与社会资本签订协议和合同，有利于分散和转移项目风险；④减少政府的直接财政负担，减轻政府的负债；⑤充分发挥社会资本的先进技术和项目管理经验，有利于提高项目运作效率；⑥引入社会资本和使用者付费机制，实现政府和社会资本的利益共享，提前满足社会和公众需求。

1.2.3 PPP与可持续发展理念

PPP模式具备的伙伴关系、利益共享以及风险共担等特点使其在可持续方面具有很大潜力，是实现可持续发展目标的重要途径与有效工具。在2002年可持续发展世界首脑会议上，PPP模式首次被提倡为实现可持续发展的重要工具，此后，国内外学者越来越重视PPP模式在实现可持续方面的潜力，可持续发展理念与PPP模式的结合也逐渐成为国内外学术研究的热点。虽然"可持续发展"理念已经渗入经济社会的方方面面，但在不同环境下阐释可持续发展的具体内涵仍是十分困难的。因此，为了更好地把握PPP项目可持续的内涵，要先从整体理念层面明确PPP模式与可持续发展之间的关联，进而在项目层面上阐释可持续发展在PPP项目中的具体体现。

在整体理念层面上，国内外已有许多学者对PPP模式与可持续发展理念之间的联系进行了深入探究，并认可了PPP模式在实现可持续发展中的重要作用。Ojelabi等认为PPP是可以提高和维持基础设施供应的可持续性工具。Maslova研究发现PPP模式具有保证其对实现可持续发展目标能够产生真正贡献的特征，包括集中公共部门与社会资本的资源、能力和优势；利用私人融资工具；对社会资本的积极激励以及合理的风险分配。Cheng等基于熊伟和诸大建提出的PPP3.0理论，从驱动力、主体、过程、客体四个分析维度构建了以可持续发展为导向的PPP概念框架，强调将PPP作为实现可持续发展目标的工具。李开孟和伍迪通过分析国内外PPP理论与实践，将PPP模式划分为政府采购公共服务、提升经济发展质量和效率、实现以人为本可持续发展目标的工具三大层次，并建议在国家PPP制度设计层面要求所有类型的PPP项目都满足可持续发展要求。

在项目层面上，已有部分学者对可持续发展理念在项目上的具体体现进行了提炼和解释。Carvalho和Rabechini认为项目可持续性包括产品角度的可持续性和项目自身的可持续性。Silvius和Schipper认为可持续的项目管理是考虑到项目生命周期中资源、过程、交付和影响的环境、经济和社会方面，旨在为利益相关者实现利益，并以透明、公平、道德和利益相关者积极参与的方式进行的对项目交付和支持过程的计划、监控和控制。许多学者基于Silvius和Schipper的定义，从不同视角探究项目的可持续性。例如，Kivila等基于此提出项目的可持续性可以从项目交付/过程的可持续性和项目交付物的可持续性两个角度来看待。Carvalho和Rabechini认为项目管理领域的可持续性存在内部和外部两个视角，内部视角与项目生命周期中的项目管理过程有关；而外部视角与可持续发展有关，涉及项目的社会和环境影响。

1.2.4　基础设施PPP项目可持续性

有学者结合PPP项目特征对PPP项目的可持续性内涵进行了类似的阐释。Yuan等提出PPP的可持续性也可以从内部和外部视角进行定义，内部视角关注PPP项目的可持续实施，与项目管理过程中的风险、融资、经济等问题有关；外部视角关注PPP对区域可持续发展的贡献，这与PPP在制度层面和项目层面的外部效应有关。Li等认为

PPP项目可持续性应该考虑两个方面，一方面是基础设施PPP项目应与区域经济发展水平相适应，既满足公众长期有效的需求，又能促进社会、经济、环境、资源的可持续发展；另一方面是项目本身发展的可持续，包括项目本身的耐久性、全生命周期成本、能源消耗等方面。但是，在建筑工程领域，由于基础设施项目规模较大且涉及利益相关者众多，因而在此背景下对可持续的定义仍存在许多争议，尚未达成共识。Pagoni和Patroklos将PPP项目可持续性定义为有关参与者（即公共部门、社会资本和社会公众）长期维持PPP模式运作并从中长期获益的能力。Du等认为PPP项目的可持续性旨在确保项目的长期可持续运行，实现其经济、社会和环境目标，并在产业、地区和社会层面产生积极影响。Babatunde等指出PPP项目可持续性的内涵应包含需求、技术与社会组织的状态这两个主要概念，需求是指任何可持续的实践都必须把如何满足社会的基本需求放在社会经济基础设施的优先地位；而技术与社会组织的状态可能会对满足当前和未来需要的环境能力造成限制。Cheng等认为PPP项目可持续性绩效是包括项目层面目标的实现和涉及一系列区域和产业溢出效应的具体质量的实现的一个综合概念。Hueskes等认为可持续性概念的模糊性和争议使其更具有灵活性，可以转化为适应不同利益相关者需求和可能性的一系列行动和解释。

综上可知，PPP模式在实现可持续发展中的重要作用是不可忽视的，且可持续发展与PPP项目的具体结合体现在很多方面，但是目前学界内尚未形成较为统一的PPP项目可持续性定义。虽然如此，但综合不同学者在PPP项目背景下提出的可持续定义可知，PPP项目可持续的内涵应该包括以下几个基本要素：①与PPP项目有关的经济、社会、环境问题；②维持PPP模式的长期运作；③考虑不同利益相关者的需求和长期获益。

1.3 国内外研究现状

1.3.1 系统思维与PPP可持续性

系统思维（System Thinking）方式源于系统理论（Systems Theory），在19世纪下半叶就出现了系统相关理论，在系统理论解释过程中，不同学者关注重心的不同导致他们对系统的看法存在争议。早期大部分学者都是基于"封闭系统"进行研究。封闭系统是指与环境隔离开的系统，元素聚集在封闭系统内，通过一系列反应最后达到平衡状态。随着系统理论的发展，一些学者提出了反对意见，认为系统的本质和定义并不是封闭性的，而是"开放系统"。开放系统是与环境相连通的系统，与环境之间保持着不断的流入和流出，最终保持着与封闭系统的平衡状态不一样的"稳定状态"。Bertalanffy、Wheeler和Meadows等学者都将社会中的系统视为开放系统，随着对系统本质的进一步探讨，开放系统的科学性得到了更广泛的支持。

很多学者基于系统理论提出了系统思维方式的定义。苗东升认为系统思维是一种运用系统概念来认识对象、整理思想的思维方式。魏宏森将系统思维方式定义为一种基于系统观的，根据系统概念、性质、关系、结构对系统功能和行为进行研究的现代思维方式。要正确运用系统思维的方法，首先要明确系统的概念。对于开放的系统，不同学者对"系统"这一概念的理解有所区别，但总体上差异不大。Bertalanffy将系统定义为一系列相互关联的元素。Meadows认为系统是一组相互关联的元素以一种连贯的方式组织起来，以达到特定目的或功能。Checkland认为系统是一个对外界环境具有适应性的整体，系统内每个功能部分都与其他部分适当建立起联系，并且将不断提供适当的信息，以根据对整体性能的监测而作出调整。综合学者们的观点可知，系统包含元素、相互联系、功能或目的这三个基本要素。基于系统的定义，学者们进一步剖析了系统应该具备的属性。Meadows认为系统不仅仅是各个部分的总和，它还可能表现出适应性、动态性、追求目标、自我保护，有时甚至是进化的行为。Checkland提出系统应该具有以下四个方面的属性：第一，系统是广义系统（Wider System）的一部分，系统内包含功能子系统（Sub-System），并形成一个整体；第二，考虑系统问题时应同时考虑系统和环境，系统必须通过"沟通交流"的过程监控系统性能，以适应环境的变化；第三，系统要采取控制等适应行动对来自环境和内部故障的冲击作出反应；第四，系统具有可定义的"涌现属性"，即特定系统存在的特征。

随着系统理论发展的逐渐成熟，系统思维的科学性也逐渐被认可，在经济、心理、组织等多个领域都得到了广泛应用。在组织领域，Kapsali将"系统思维"描述为一种整体的方法，其将组织视为一系列相互关联的子系统，由人、过程和技术组成，为实现共同的目标而合作。系统思维在项目管理领域也得到了一定应用，相关研究证明不同的管理方法适用于不同的情况和达到不同的目的。系统思维不是孤立地研究系统内的各个部分，而是尝试探究这些部分之间的相互作用，基于这种综合性和整合性的思维方式，可以获得对个人和集体各方面行为的理解，这是单独分析不能做到的。因此，运用系统思维方法有助于认清项目中各要素之间存在的复杂相互依赖关系，该方法在项目管理领域的应用也逐渐增多。传统项目管理通常基于封闭系统进行研究。但是封闭的系统方法着眼于过程管理，本质上关注过程管理的输出，而不是目标实现。而基于开放系统的方法认为，系统需要通过区分和细化其结构和过程，从而使其内部变得复杂来适应环境的复杂性。在系统思维与项目管理领域结合的过程中，项目管理领域的学者开始将关注点转向"系统模拟"，其中最常见的系统模拟方法便是系统动力学方法（System Dynamics）。系统动力学方法凝练了系统的主要属性以显示特定系统复杂的组织结构，并能够以图像形式直观呈现特定系统的主要结构，给出了系统各方面性能随时间变化的整体情况，清晰地揭示了每个项目中应该重点关注的因素。因此，通过建模和模拟复杂系统的相互依赖性，系统动力学方法使管理人员能够理解和模拟复杂系统的结构和动态，使他们能够在模型中测试不同的管理策略，以更接近目标的实现。

随着系统思维方式在项目管理领域的应用，已有一些学者运用系统思维方式解决PPP项目相关问题。例如，Loosemore和Cheung探索了目前在PPP项目中运用系统思维方法进行风险管理面临的障碍。Papadopoulos基于一般系统论对PPP进行了概念化，并讨论了动力系统理论在研究PPP合作伙伴之间冲突方面的适用性。Zhang等基于系统理论构建系统动力学模型以模拟PPP公路项目特许期内路面性能与利益相关者相关因素之间的复杂交互作用。在PPP项目可持续领域，Pagoni和Patroklos构建了用于评估国家PPP项目财政和社会可持续管理战略的系统动力学模型。Rashedi和Hegazy基于系统动力学模型分析了包括使用PPP模式在内的战略对基础设施可持续性等方面的影响。可持续性是一个开放、动态且不断发展的理念，需要考虑不同视角及不同利益相关者的目标，因此，向可持续性的过渡需要采用长期、系统的观点。但目前大多数研究仍基于传统思维方式进行，没有从整体性、动态性的视角考虑，系统思维在PPP项目可持续领域的应用还比较少。

1.3.2 基础设施PPP项目可持续性驱动机制研究

　　随着PPP模式在全球范围内逐渐被广泛应用，针对PPP项目开展的研究也越来越多，学者们从不同角度对PPP项目开展研究，研究主题呈现出多样性的特点，涵盖PPP项目风险管理、关键成功因素、项目治理、可持续等主题。与PPP项目可持续性相关的研究中，大部分都与PPP项目可持续性的评价和实现PPP项目可持续性的关键成功因素有关，而较少关注驱动PPP项目实现可持续目标的驱动因素。在现有的两种适用情形中（即项目实施后评价和前评价），可持续性评价大多属于可持续绩效评价的范畴，因此较为侧重PPP项目的后评价，对PPP项目前端控制的作用较小。可持续性应该贯穿PPP项目的整个生命周期，Kavishe等对PPP项目从业人员的调查发现，从业人员认为"可持续发展评估总是从可行性研究阶段开始"是影响PPP项目实施的可持续性的最重要的因素。由此可见，在计划阶段以及过程中对PPP项目采取一定措施进行管理和控制，对PPP项目可持续绩效的实现是十分重要的。

　　但是，在PPP项目全生命周期中，应该针对哪些具体因素进行重点管理和控制尚不明确。因此，为了使资源得到更合理的配置，应该系统识别能够对PPP项目可持续性产生影响的驱动因素，并针对这些因素采取可持续管理措施。在PPP项目领域外，目前已有一些学者对影响可持续性的因素进行了研究。例如，Hakiminejad等从提升能源效率和开发可再生能源的角度强调了可持续性技术对可持续水平的影响。Carvalho和Rabechini研究了环境设计、环境技术、绿色采购和伙伴关系、项目管理过程和知识领域、社会责任五个方面的因素对一般项目可持续绩效（仅考虑社会和环境绩效）的影响。Rostamnezhad等基于系统动力学与模糊决策实验室法（fuzzy-DEMATEL）研究了影响工程项目可持续发展的社会层面因素，包括员工的安全和福利水平、确定利益相关者的期望、合理选择供应商等33个具体因素。虽然PPP项目可持续性的驱动因素研究比较少，但已有部分学者从不同方面挖掘了一些影响因素。Ceschin提出，PPP项目的可持续性不仅受到产业因素的影响，还受到利益相关者之间互动的影响。He等认为，来自社会资本的先进技术和管理经验对于实现可持续性和确保基础设施项目的质量和效率是不可或缺的。Shen等认为公私部门对项目投资贡献的分配是影响PPP项目可持续性绩效的关键变量之一。Cheng等研究发现，关系质量与PPP项目可持续绩效正相关。Hueskes等提出，在PPP项目中实施具体的治理措施和激励措施可以促进项目的可持续性。总体来看，目前国内外学者对PPP项目可持续性驱动因素的关注度还不够，缺乏系统性和整合性的研究，这不利于PPP项目可持续目标的实现。

综上可知，PPP项目可持续的驱动因素研究对于更好地实现PPP项目可持续来说是不可或缺的，但目前该领域的研究大多集中在可持续性评估与识别PPP项目可持续实施的关键因素。而对PPP项目可持续驱动因素的重视程度不高，相关研究较少且较为分散，缺乏系统性的研究。

1.3.3 基础设施PPP项目可持续性绩效研究

为了实现可持续发展真正从承诺到行动的转化，就必须要解决可持续性的评估问题。可持续评价在促进PPP项目实现可持续以及保证PPP项目对可持续发展目标产生贡献等方面具有重要作用，引起了学者们的广泛关注。可持续性评价一般存在两种情况，一是评估现有建筑和社区的生命周期性能，即在项目建成后对项目进行的后评价；二是确定对即将实施的项目在实施前阶段考虑的可持续性措施的评价，即项目实施前的评价。由于项目可持续性超出了项目管理传统"铁三角"目标（成本、时间、质量）的范围，需要从宏观和长期的角度审慎考虑，因此许多学者都超越传统"铁三角"目标进行PPP项目可持续评价。Elkington最早系统地提出了衡量可持续性的"三重底线"（Triple Bottom Line）原则，即可持续性应该满足经济、社会、环境三重标准。此后，学者们逐渐意识到"三重底线"原则在可持续领域研究中的重要作用，越来越多的学者建议在研究可持续性相关问题，尤其是构建可持续性相关指标体系时，应综合考虑这三个方面的因素。例如，Meng等的研究报告要求将经济、社会和环境方面的可持续性纳入可持续发展指标体系。Koppenjan和Enserink区分了经济、社会和环境可持续性。Ma等在构建可持续性评价指标体系时要综合考虑经济、社会和环境方面的可持续性。

随着"三重底线"原则在可持续领域的应用越来越多，其重要性与权威性日益彰显，因此目前大多数学者都基于"三重底线"（即经济可持续、社会可持续和环境可持续）对PPP项目可持续性评价指标体系进行相关研究。Babatunde等从经济、环境、社会三个方面识别PPP项目可持续性因素，调查尼日利亚基础设施PPP项目背景下的可持续性实践情况。Yu等基于文献回顾识别了38个PPP项目中的可持续性因素，并根据"三重底线"原则对因素进行了归类。Shen等开发了一个基于可持续性绩效的评价模型，并按经济、社会、环境将模型中包含的17个变量分为三组。但由于PPP项目涵盖的范围本就存在一些争议，且随着PPP项目特征被逐渐挖掘，"三重底线"原则能否涵盖PPP项目可持续评价的所有方面成为新的问题，有学者对"三重底线"原则提出了一些质疑并进行了一些拓展解释。部分学者认为，应该考虑经济、社会、环境可持续之间的相互联系和相互作用。Kemp等认为，如果只是简单地将经济、社会和环境三个维度之间的指标合在一起，就无法考虑到三个维度之间的相互联系和动态。Devolder和Block强调了各方面之间协同作用的重要性，例如，要实现可持续发展，必须兼顾环境与社会正义这两个维度，不能将两者分开来单独考虑。Yuan等指出，交通PPP项目中的经济、环境和社会可持续三个方面相互影响，其可持续发展目标应该同时考虑三方面的综合影响。还有一些学者基于"三重底线"原则的三个维度，对PPP项目可持续的评价维度进行了丰富，认为PPP项目的可持续评价应该考虑更多可持续性的类别或原则。Li等认为目前大多数研究从"三重底线"原则入手而缺乏更全面的评价指标，这阻碍了PPP项目可持续性的有效评价，因此进一步从经济、社会、资源环境、工程和项目管理五个方面识别水处理PPP项目可持续性评价指标。张璞等从建设、经济、社会、环境和管理五个方面研究PPP项目的可持续性。Shi等认为PPP的可持续性包括社会、财务、绩效和伙伴关系的可持续性。Tian等在"三重底线"原则的基础上，进一步将施工可持续与管理可持续两方面纳入考虑，构建了包含五个维度的水处理PPP项目可持续性评价框架。Hueskes等构建的可持续性框架超越了"三重底线"原则，加入了涉及变革和政治体制层面的指标。

综上可知，在研究PPP项目可持续性时，对项目可持续性进行合理评价是必要且重要的。目前，PPP项目可持续性评价相关研究已取得丰硕成果，但是大多数研究都基于"三重底线"原则构建PPP项目可持续性评估框架，在PPP项目背景下对"三重底线"原则进行拓展的研究较少，所构建的评价框架不能完全体现PPP项目的特征，其全面性尚待改进，同时难以体现不同维度之间的相互联系以及因素的动态性。

1.3.4 基础设施PPP项目政府补贴激励机制研究

PPP模式虽然是缓解基础设施投资缺口、促进经济发展的一种有效途径，但是大量经营性PPP项目于建设运营阶段的绩效表现并不理想，部分项目需要地方政府补贴等措施以维持项目顺利运营。分析项目的失败原因，关键问题之一是社会资本在建设运营过程中参与水平不理想。社会资本在项目建设运营阶段的积极参与对项目的成功至关重要，社会资本参与不理想可能导致项目质量、运营服务定价不理想，难以保证建设运营成本的节约，难以维持与地方政府的良好关系，难以实现项目创新与知识转移。这些问题导致PPP模式在实现填补基础设施资金缺口、降低成本、提升项目效率等目标时遇到阻碍。例如，乐东县千家自来水供水工程因社会资本严重违反合同约定，且经地方政府多次催促一直未纠正违约行为，导致合同目的无法实现，于2020年提前终止PPP合同；宜威高速公路PPP项目因社会资本在融资阶段没有得到金融机构认可，遭遇项目融资困难导致项目于2017年提前终止。2023年6月公布的《国务院关于2022年度中央预算执行和其他财政收支的审计工作报告》中指出，我国PPP项目存在履约环节不尽诚信、建设运营环节不当推责揽责等问题。随后，《第十四届全国人民代表大会财政经济委员会关于2022年中央决算草案审查结果的报告》中特别强调，"严格规范政府与社会资本合作（PPP）项目"。因此，合理、经济地使用PPP模式，推动其可持续发展是PPP模式的未来方向。如何激励优质社会资本在项目建设运营阶段的参与，是实现PPP模式可持续发展目标的关键问题。

地方政府是社会资本在PPP项目中的直接合作伙伴，对PPP项目的顺利实施有着至关重要的影响。为了保证社会资本的权益得到保护、提升社会资本参与水平，地方政府往往在PPP合同中提出一系列激励措施，其激励效果也得到了初步验证。地方政府的激励措施多样，王雪青等认为激励机制的选择应充分考虑参与方承担的风险。张万宽认为激励和治理机制是影响PPP绩效的重要因素。Schmidt认为公私双方互动和协同作用的增强与双方的信息沟通和激励机制的加强息息相关，政府激励将有利于基础设施项目的顺利展开。柯永建等通过案例分析识别了地方政府的合同激励措施，发现政府投资赞助、政府对融资的协助、政府担保、税收减免优惠和开发新市场是PPP项目中合理的激励措施。徐飞和宋波分析了企业两阶段决策中最优努力水平和政府监督奖惩因子与关系契约的相互作用和动态影响，并提出PPP项目建设中权变激励的激励机制和方向。Feng等认为现有研究对政府担保对私营部门投资行为的影响方面缺乏重视，他们分别对最低需求量保证、最低收益保证和价格补偿保证对私营垄断公司选择收费率、道路质量和容量的影响进行建模，一次确定两个变量，然后研究私营部门获得政府担保时其他变量的变化情况，指出不同的政府保证会对私营部门决策行为的影响不同。Li和Cai评估了政府激励措施对社会资本投资行为的影响，发现收益保障、延长特许经营期、一次性补贴和单位补贴等措施均能促进社会资本的投资行为。Armada等基于实物期权讨论了四种合同激励，即投资补贴、收入补贴、需求量担保与政府救助承诺对促进社会资本投资的激励效果。相似地，陈晓红和郭佩含讨论了补贴与担保对政府现金流与社会资本的投资激励。总结而言，地方政府的激励主要可以分为改善项目现金流、提升项目利润的地方政府补贴，以及降低项目风险和不确定性的地方政府担保。

地方政府补贴一般包括投资补贴、收益补贴、运营补贴、税收优惠等，其主要目标包括提升PPP项目的财务可行性以及激励与调节参与方的目标实现，其中最常见的目标是提升社会资本的运营水平与项目质量。许多研究都关注于讨论地方政府补贴的有效性。例如，Tan和Yang在研究公路项目的两种弹性合同时发现，在需求不确定且公路容量较低时政府需要通过补贴补足预期收益与实际收入的差距。Feng等利用模拟方法综合考虑了风险因素，优化补贴值以实现满足项目财务可行性和节约公共资金之间的平衡。Feng等基于关系契约思路建模发现当贴现率足够高、公共资金的边际成本足够小时，政府补贴在质量改善方面是可行的，并给出了最优补贴方案。Yue和Lin通过演化博弈证明运营补贴可以有效激励社会资本提高服务质量，Song等也提出政府应适当增加对提供优质服务的社会资本的经营补贴。此外，有研究发现地方政府补贴可以提升项目效率。Shi等发现政府的补贴政策能够鼓励项目公司和银行的社会效率决策；Zhu建立博弈模型，研究了再谈判补贴对项目效率的影响。然而，地方政府补贴意味着公共资金向企业收益的转移，过高的补贴也会有损于社会福利。因此，也有部分研究关注最优地方政府补贴值的确定。例如，Peng等设计了考虑了交通不确定性的优化特许经营期长度与地方政府补贴的期权博弈模型，Jin等提出了收入风险下的超额利润分配概率评估的方法和相应的补贴机制，Song等将不同的收入水平与结构纳入了垃圾焚烧发电项目的系统动力学模型，并计算了对应的最优补贴。Wang等将参与者的利他偏好纳入委托代理模型，发现政府补贴的数额与利他偏好、期望收益、成本和社会资本努力程度有关。与之相对，Majeed等通过分析，提出了地方政府补贴会缓解社会资本的绩效压力，降低盈余管理的可能性。

地方政府担保形式多样，常见的政府担保包括特许经营期担保、采购担保、限制性竞争担保、价格调整担保、最低交通量担保、价格补偿担保、最低收入担保等，实质上是一种风险分担方案。其中，现有研究中最为常见的担保形式为最低交通量担保与最低收入担保，探究两种担保如何应对PPP项目的不确定性、提升社会资本的收益与参与水平。例如，Shi等选择由政府提供最低需求量保证，并计算了此时的最优特许经营期、收费和补贴。Feng等发现了最低交通量担保会增加道路项目的通行费，但会降低道路质量。在较低担保水平下，最低交通量担保对道路通行能力没有影响；而较高担保水平时其可以提高道路容量。对于最低收入担保，若担保水平足够高，最优收费将足够大，但道路质量和容量将趋近于零。Carbonara和Pellegrino开发了一种方法计算了政府的最低收入担保下限和收入上限的最优值，从而为社会资本和政府创造了"双赢"的条件，保证项目对社会资本的吸引力。Pellegrino等基于实物期权与蒙特卡洛模拟计算了地方政府的最高补贴比率担保的值，并验证了其在控制项目风险、保证项目公平的积极作用。此外，地方政府担保具有在信息不对称条件下诱使社会资本披露其真实成本信息的作用。部分研究比较了地方政府补贴与地方政府担保在社会资本的激励过程中的效果，例如Li和Cai认为收益保障与延长特许经营期对社会资本的部分投资行为的激励效果较为有限，王颖林等构建了激励—努力博弈模型，验证了最低收入担保的增加并不总是能够激励社会资本不产生投机行为，担保水平需要保持在合理范围内，而杜亚灵等通过构建层次回归分析发现政府承诺在促进失败学习层面对项目的积极影响要大于利益分配。Sun和Zhang指出最低收入担保难以应对项目产生超额利润的情况，需要与收入上限管制一同使用。

除上述两类政府激励措施外，项目产出的收益分配比例也是重要的激励措施之一。与地方政府补贴的激励机制类似，地方政府提升收益分配比例的主要目的是改善项目现金流、提升社会资本收益。Liu等考虑了社会资本的机会主义行为对分配比例的影响，构建委托—代理模型计算了最优分配比例。张惠琴等基于前景理论构建了投资期望效用模型，发现当收益处于一定范围时社会资本会因风险规避而选择较低收益分配比例。何天翔等考虑五项重要影响因素建立了改进Shapely值的利益分配模型，并发现所得利益分配系数更能使利益相关者满意。此外，特许经营期的延长也是合同激励措施之一，Wang等发现地方政府补贴与特许经营期延长既有替代效应又有互补效应，在地方政府存在补贴预算约束或补贴逐年递减的情况下，替代效应增加，即特许经营期延长可以视为一种特殊形式的地方政府补贴。此外，也有研究提出土地、公用事业等其他支持也是地方政府的合同激励措施。

2

基础设施PPP项目
可持续性驱动机制研究

　　本章旨在运用系统思维方法构建PPP项目可持续性驱动理论模型，以探究PPP项目可持续性驱动机制，并建立系统动力学模型进行检验与分析。具体而言，基于系统思维，从利益相关者视角识别了公共部门能力/投入、社会资本能力/投入、伙伴关系五维度驱动因素；基于可持续研究中的"三重底线"原则，结合PPP项目实践，从社会、经济、环境三个维度构建反映PPP项目特征的可持续性评价框架，以合理评估驱动因素影响下的PPP项目可持续水平。该理论模型不仅从全生命周期视角考虑了PPP项目系统内部的关键利益相关者（公共部门、社会资本、社会公众）的内在动态联系，还考虑了系统与外部社会、环境和经济的大背景之间的相互影响。最后，在所构建的理论模型基础上，提炼核心要素建立系统动力学模型，并将PPP项目案例获得的数据进行系统模拟与分析，在此基础上提出针对性的管理建议。

2.1 系统思维的基本思想

　　系统思维是指基于系统的概念、性质和结构等，将研究对象视为系统并研究该系统的功能和行为、揭示系统内部构造的一种思维方式。学者们普遍认为系统应包含元素、相互联系、功能或目的三个基本方面。系统思维方式要求基于系统定义分析研究对象是否能被视为系统，进而明确研究对象的系统构造、属性、功能，并据此做出计划、策略等一系列行为。

　　系统思维方式与传统思维方式之间存在着许多差异。不同于先分析后整体，着重研究各部分性质的传统思维方式，系统思维方式最显著的特点体现在整体性、整体与部分有机结合两个方面。一是，系统思维方式首先从整体性认识和解决问题，着重从整体出发揭示系统的内部构造以及系统与外部环境之间的联系。二是，系统思维方式注重整体思维和分析思维之间的有机结合，基于反馈机制的双向性将整体思维与分析思维相联系。运用系统思维方式认识对象的基本思路包括以下四个步骤：将研究对象视为系统；明确系统的功能；分析开放系统与环境之间的联系；借助模型对研究对象进行认识和模拟，如图2-1所示。其中，在"借助模型对研究对象进行认识和模拟"这一环节最常使用的方法是构建系统动力学模型。系统动力学是一门基于系统的科学理论，利用计算机仿真研究系统动态和反馈结构及行为的学科。系统动力学通过建模和模拟系统的相互关系，有助于对系统结构和动态的理解，并支持在仿真过程中试验的不同策略以优化项目结果。

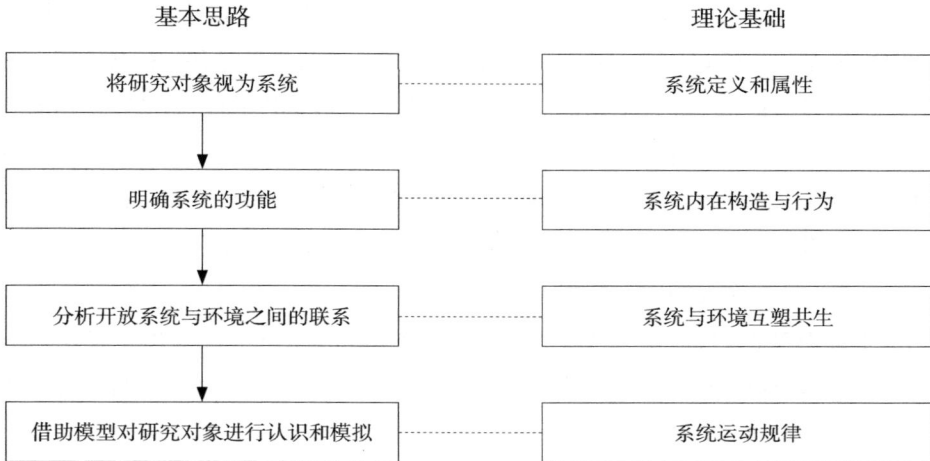

基本思路 　　　　　　　　　　　　　　　 理论基础

| 将研究对象视为系统 | ┈┈┈ | 系统定义和属性 |

↓

| 明确系统的功能 | ┈┈┈ | 系统内在构造与行为 |

↓

| 分析开放系统与环境之间的联系 | ┈┈┈ | 系统与环境互塑共生 |

↓

| 借助模型对研究对象进行认识和模拟 | ┈┈┈ | 系统运动规律 |

图2-1　系统思维方式的基本思路

本章将首先确定PPP项目可持续驱动因素及评价指标，进一步运用系统思维方式对PPP项目的可持续问题进行研究。根据系统思维的基本思路，从系统定义和基本属性出发，将"以可持续为目标的PPP项目"认定为一个系统，基于此明确系统内部构造及其与外部环境之间的联系，进而从系统思维视角构建一个PPP项目可持续性驱动理论模型。最后，构建系统动力学模型加深对该驱动理论模型的认识，并通过文献资料和专家判断验证该理论模型的合理性。

2.2 基础设施PPP项目可持续驱动因素确定

PPP项目可持续驱动因素是指在PPP项目的全生命周期中，对PPP项目可持续性会产生重要影响的，并可以通过采取针对性措施进行调节以更好地实现PPP项目可持续目标的因素。目前PPP项目可持续性相关研究大多围绕PPP项目可持续性的评价指标和关键成功因素开展，而对PPP项目可持续性驱动因素的关注较少。但是，识别并确定PPP项目可持续性驱动因素有利于资源的合理配置，也有助于各方采取针对性的措施以提高项目可持续水平，对PPP项目的可持续发展十分重要。

在项目领域，已有一些学者对项目可持续性驱动因素进行了研究，分析了能源效率和可再生能源、环境设计、绿色采购和伙伴关系、项目管理过程、社会责任、项目设计等因素对项目可持续性的影响。虽然目前与PPP项目可持续性驱动因素相关的研究较少，但已有部分学者基于不同视角识别了一些影响因素，包括利益相关者之间的互动、社会资本的先进技术和管理经验、公私部门对项目投资的贡献、关系质量、治理和激励措施等因素。但目前对驱动因素的研究存在视角较为单一、因素较分散等问题，缺乏更系统、全面的因素整合。

由于针对PPP项目的研究较少，因此本研究在PPP项目可持续相关文献的基础上，结合普通项目可持续研究中适用的文献，较为全面地识别了PPP项目可持续性驱动因素，因素识别结果见表2-1。

PPP项目可持续性驱动因素识别结果   表2-1

驱动因素	主要文献来源							
	He等	Cheng等	Carvalho和Rabechini	Ma等	Rostam-nezhad等	赵静和常非凡	Shen等	Hueskes等
公共部门财政能力	√							
公共部门管理能力	√					√		
公共部门创新能力						√		
法律和体制安排	√					√		
公共部门效率						√		
公共部门在可持续方面的激励						√		√

续表

驱动因素	主要文献来源							
	He等	Cheng等	Carvalho和Rabechini	Ma等	Rostam-nezhad等	赵静和常非凡	Shen等	Hueskes等
公共部门投资比例				√			√	
企业社会责任	√		√		√			
企业项目管理能力	√		√		√			
企业与公共部门的沟通能力	√							
企业可持续相关项目的经验	√					√		
企业项目设计的可持续性					√			
企业环境设计：绿色材料、降低能耗、污染物的排放等	√		√		√			
企业健康安全设计			√		√			
企业项目管理过程的可持续性			√					
企业根据可持续性标准选择伙伴关系			√		√			
企业对可持续能力的培养					√			
企业投资比例							√	

续表

驱动因素	主要文献来源							
	He等	Cheng等	Carvalho和Rabechini	Ma等	Rostam-nezhad等	赵静和常非凡	Shen等	Hueskes等
项目施工质量	√							
政府和企业关系的可持续性		√						

基于文献回顾识别出的驱动因素，进一步通过专家访谈，以科学性、代表性、独立性为原则对因素进行筛选与补充。在访谈前，列出了所识别的驱动因素及其相关解释，便于专家查看和理解，共访谈了30位专家，包括7位公共部门人员、13位社会资本方人员、10位学者/研究人员，受访的每位专家在相关领域都有丰富的工作经验或研究经验，受访专家的信息见表2-2。

基于访谈结果，在表2-1中所识别因素的基础上，增加了"在可持续方面的监督"和"运营维护的保障能力"两个因素。

受访专家信息汇总 表2-2

序号	受访人员类型	数量	工作/研究经验（年）
1	公共部门人员	2	<5
		3	5～10
		2	>10
2	社会资本方人员	4	<5
		6	5～10
		3	>10
3	学者/研究人员	2	<5
		6	5～10
		2	>10

　　基于系统思维可知，在PPP项目系统中，系统元素及其相互联系体现在利益相关者之间的相互作用及其对PPP项目实体工程的影响上。PPP项目涉及的关键利益相关者包括公共部门、社会资本及社会公众，由于社会公众对PPP项目可持续的影响主要体现在监督与反馈上，因此对PPP项目实体工程产生主要影响的是公共部门和社会资本这两方关键利益相关者，双方的能力与投入会对PPP项目可持续性水平产生直接影响。此外，PPP项目的可持续性还受到利益相关者之间关系的影响，确保项目的效率和质量是建立伙伴关系下的共同努力。因此，本研究基于系统思维从利益相关者视角，基于公共部门能力/投入、社会资本能力/投入、伙伴关系五个方面对所识别的驱动因素进行了整合归类，共19个因素，最终结果见表2-3。

基于利益相关者视角的PPP项目可持续性驱动因素　　　　　表2-3

因素类别	因素名称	因素含义
公共部门能力	财政能力	公共部门在投资PPP项目时的财政情况，包括收支情况、负债情况等
	管理能力	公共部门对PPP项目的统筹管理能力
	创新能力	公共部门在与PPP有关方面（包括制度设计、融资等方面）的创新能力
	法律基础和体制安排	与PPP有关的治理结构、治理体系和市场布局等
	效率	公共部门在处理PPP项目相关问题时的效率
公共部门投入	在可持续方面的激励	公共部门针对PPP项目可持续问题对社会资本采取的一系列激励措施
	在可持续方面的监督	公共部门针对PPP项目可持续方面对社会资本采取的一系列监督措施
	公共部门投资比例	公共部门在该项目中的投资份额占比
社会资本能力	社会责任	社会资本承担社会责任的意识和现状
	项目管理能力	社会资本项目管理的总体水平
	运营维护的保障能力	社会资本对项目运营和维护阶段问题解决的保障能力
	与公共部门的沟通能力	社会资本针对项目相关问题与公共部门进行有效沟通的能力
	可持续项目经验	社会资本曾经参与的可持续性项目的经验，包括总项目数、项目总投资额、项目质量等方面

续表

因素 类别	因素名称	因素含义
社会 资本 投入	项目设计的可持续性	包括环境设计、健康与安全设计两部分。环境设计是指使用可再生材料、降低能耗、资源利用、污染物的排放等方面的设计；健康与安全设计是指与员工及使用者健康、安全等有关的项目设计
	项目管理过程的 可持续性	包括根据可持续性标准选择分包商和供应商
	可持续能力的培养	社会资本对项目经理、其他管理人员、员工等进行的可持续能力、技能等方面的培养
	社会资本投资比例	社会资本在该项目中的投资份额占比
	施工质量	项目各阶段、各环节的施工质量
伙伴 关系	关系的可持续性	公共部门与社会资本之间关系质量的可持续性

2.3 基础设施PPP项目可持续评价指标确定

可持续性评价是帮助可持续发展从概念转化为现实的重要工具，在促进PPP项目实现可持续方面具有重要作用。Bond和Morrison-Saunders区分了可持续评价中的简化法与全面法，其中，简化法是实践中最常用的方法，是指将复杂评价过程分解为若干个组成部分，并选取一系列简化但仍能充分解释可持续性各方面的指标来代表整个系统的可持续性。"三重底线"方法是简化法中最具代表性的一种，在"三重底线"方法中，可持续性指标是同时实现经济、社会、环境目标以达到可持续性状态而产生的指标。目前大多数PPP项目可持续性评价框架都以"三重底线"为基础原则。但不同学者对经济、社会、环境三个维度可持续性内涵的理解有所差异，见表2-4。

经济、社会、环境可持续的内涵   表2-4

维度	内涵	主要文献来源
经济可持续	PPP项目自身长期、稳定、合理的投资回报及其对当地经济和发展的影响	熊伟和诸大建；Li等
	根据成本、时间和预期职能结构来衡量的PPP项目绩效	Cheng等；Yuan等；Liu等
	在从项目到社会的不同层次上创造繁荣，并解决所有商业活动的成本效益	Chen等
	从财政可持续性角度来理解，即政府履行基础设施投资所带来的财政义务的可能性，包括短期和长期	Nair等
	项目在其生命周期内能够产生稳定的投资回报，且能够对当地经济发展产生积极的影响	熊伟和诸大建；He等
社会可持续	通过提高项目区的社会发展潜力、为当地居民提供就业机会、改善生活质量等措施，为公众提供满意的商品和服务	Li等
	根据过程和结果的满意度、健康和安全，未来合作的参与和社会价值创造来测度的PPP项目绩效	Cheng等
	尊重人权和平等机会，促进社会发展	Chen等
	城市基础设施对城市社会中较贫穷群体负担能力和获得公共服务的机会的影响	Wang等
	为公众提供的公共产品和服务的改善、更多的就业机会和项目所在地区的发展潜力	Goel等；He等
环境可持续	意味着给子孙后代一个更美好的世界，保护生态平衡和自然系统不受破坏	Li等
	环境保护评价，涉及环境持续改善和利益相关者的参与	Cheng等
	节约和管理资源，并为项目所在地的环境保护作出贡献	Chen等
	公共基础设施提供的服务对城市人口、城市环境以及更广泛的环境的影响	Wang等
	生态系统和自然系统之间达到平衡，确保环境的代际公平	Osei-Kyei等；He等

　　本研究在文献回顾的基础上，利用"三重底线"方法构建能够体现PPP项目特征的PPP项目可持续性评价框架。基于现有文献中的内涵界定，对PPP项目经济、环境、社会可持续的含义作出如下解释：

（1）经济可持续是指PPP项目在其全生命周期内产生长期、稳定、合理的投资回报并对项目所在区域的经济发展产生积极影响。

（2）社会可持续是指PPP项目在增加就业机会、改善公共服务供给的质量和效率、提高公共服务可及性等方面提升项目所在区域的社会发展潜力。

（3）环境可持续是指PPP项目通过节约资源、保护环境等方式在保证生态环境代际公平上的贡献。

本研究进一步通过文献回顾从经济、社会、环境三个方面识别了共32个评价指标（包括10个经济可持续指标，11个社会可持续指标和11个环境可持续指标），构建了符合项目特点的PPP项目可持续性评价框架，见表2-5。

PPP项目可持续性评价框架   表2-5

维度	指标	文献来源						
		Li等	Hueskes等	Tian等	Patil等	Chen等	Shen等	张璞等
经济可持续	经济内部收益率	√		√	√	√	√	√
	投资回收期			√	√			√
	现金流的可持续性	√						√
	政府的财政偿付能力	√		√		√		
	项目融资渠道和成本			√			√	
	生命周期成本控制	√			√	√	√	
	项目投资、进度计划与运行					√	√	
	项目更新维护	√				√		
	提高项目质量	√				√		
	对当地经济发展的影响	√			√	√	√	
社会可持续	工人的生活设施和福利		√		√			
	工人健康与安全		√		√			
	居民满意度	√	√	√	√			√

续表

维度	指标	文献来源						
		Li等	Hueskes等	Tian等	Patil等	Chen等	Shen等	张璞等
社会可持续	提供优质服务	√	√		√	√	√	
	促进公共和环境卫生						√	√
	景观和历史遗迹、文化遗产保护	√			√	√		
	在家庭收入和生活质量方面对当地社会的贡献						√	√
	对当地就业机会的影响	√					√	√
	保持利益相关者之间的良好伙伴关系	√				√		
	适当安置、改造和补偿				√	√		
	对弱势群体的包容性				√			
环境可持续	环境保护措施				√	√	√	
	污染物排放控制措施	√		√		√		√
	空气污染		√		√	√	√	
	水污染	√	√	√	√	√	√	
	噪声污染		√		√	√	√	
	固体废弃物处理	√			√	√		
	资源利用效率和可再生能源使用	√	√		√	√	√	
	创新可持续设计和材料	√	√		√	√		
	生物多样性保护	√	√		√	√		
	森林保护					√		
	土地利用效率与保护		√		√	√	√	

2.4 PPP项目可持续性驱动理论模型

2.4.1 系统定义

运用系统思维方式研究具体问题的第一步是正确认定研究对象为系统。因此本研究将基于系统的定义和基本属性，论证研究对象"纳入可持续目标的PPP项目"符合系统理论中对系统的认定。Papadopoulos基于一般系统理论，认为PPP项目由各种合作伙伴组成并且通过合作伙伴之间的相互作用产生期望的产出（即改进的产品或服务），并且PPP项目与自然、经济和社会环境相互作用，因此可以将PPP项目视为一个开放系统进行研究。对于纳入可持续目标的PPP项目而言，Sabini等认为项目可持续性与多个通常具有矛盾性的目标和不同社会层次的参与者之间的复杂相互关系有关。本研究将在此基础上，首先从系统定义上分析"纳入可持续目标的PPP项目"是否能视为系统。

根据学者们的定义，系统必须包含元素、相互联系、目标这三个要素，开放系统还需将第四个要素纳入考虑，即系统与外界环境之间的联系。对于纳入可持续目标的PPP项目而言，首先，在系统目标的引导下，PPP项目中的各方利益相关者会作出相应的决策与行动以保证系统目标的实现。其次，在实现目标的过程中，利益相关者们各阶段的决策与行动会对PPP项目各阶段工程实体产生影响；同时，各利益相关者的决策与行动之间存在相互影响。由于PPP项目涉及的利益相关方众多，因此本研究在具体操作中进行了简化考虑，只将对PPP项目实体工程影响最大的关键利益相关者纳入考虑，即只考虑公共部门、社会资本和社会公众三方。此外，在这个过程中，PPP项目整体与外部经济、社会、自然环境之间存在相互塑造的关系。经历不断的动态影响过程，最终达到稳定状态下符合期望的产出，即可持续的PPP项目。因此，在"纳入可持续目标的PPP项目"系统（以下简称"可持续–PPP项目系统"）中，系统目标为PPP项目在全生命周期内达到稳定的可持续水平；系统元素为PPP项目涉及的各方利益相关者的决策与行动以及PPP项目实体工程；元素间的相互联系为利益相关者各阶段决策与行动之间的相互影响及其对PPP项目实体工程的影响；与外界环境的联系是指PPP项目整体与外界社会、经济、自然环境之间的相互作用，即PPP项目的具体实施会受到外界环境的支持与制约，同时PPP项目的实施情况也会对外界环境产生一定影响。最终，可持续-PPP项目系统框架如图2-2所示。

基于图2-2中的系统框架，进一步从系统的基本属性方面验证研究对象认定的合理性。系统具有多样性、相关性、一体性、有序性、动态性、不确定性等诸多属性，其中，多样性、相关性和一体性是系统的基本属性。多样性是指系统可以分为至少两个不同组分，且不同组分之间存在明显差异。由图2-2可见，可持续-PPP项目系统可以根据关键干系人分为三个子系统，即公共部门（子系统1）、社会资本（子系统2）和社会公众（子系统3）对可持续问题进行的决策与行动，由于三个子系统所追求的利益目标不同，其决策与行动也存在差异性，故该系统满足多样性这一基本属性要求。相关性是指组分/要素/变量之间的相互关联。在该系统中，由于公共部门与社会资本之间存在契约关系，公共部门与社会公众、社会资本与社会公众之间存在着服务与监督的关系，因此无论是哪一方都无法完全忽视其他相关方而完全独立地进行决策与行动，三方的决策与行动之间存在相互关联与相互作用，故该系统满足相关性这一基本属性要求。一体性是指相互关联的组分能够作为统一整体与其他事物发生联

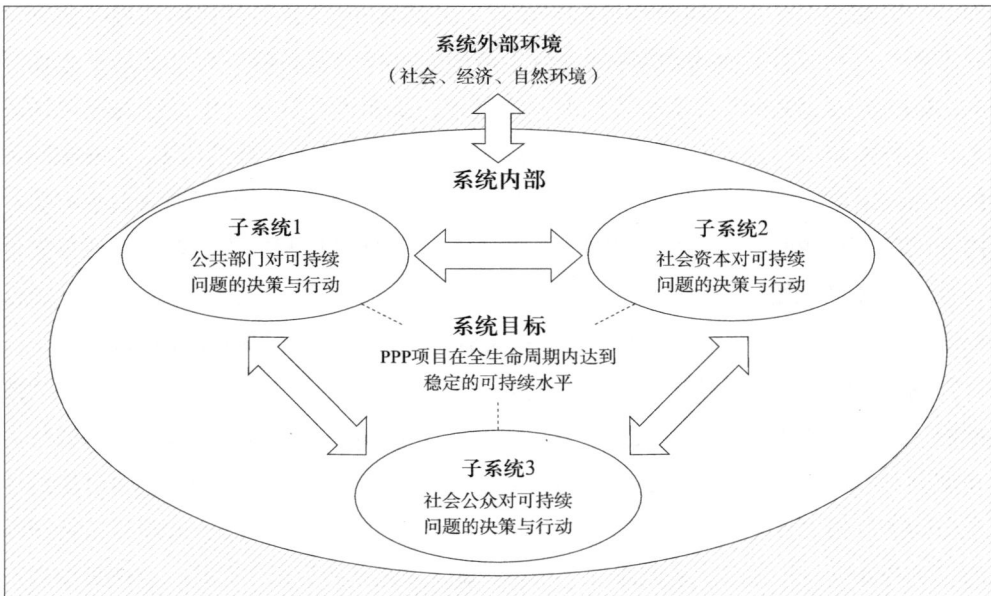

图2-2 可持续-PPP项目系统框架

系并且呈现出统一整体的特有性质。PPP项目常被视为一个"整体"，人们的关注重心是PPP项目建成后整体运作以及呈现出的性能，而不是某一方参与者的行为或某个阶段PPP项目的情况；同时，PPP项目整体呈现出的性能与特点既不是某一组分的特点，也不是所有组分的加和，是PPP项目整体的特有性质，故该系统满足一体性这一基本属性要求。

综上所述，本研究中的"纳入可持续目标的PPP项目"既满足系统的定义要求，也符合系统的基本属性要求，因此可以将其认定为系统，即可持续-PPP项目系统。

2.4.2 系统构造

系统元素及其内在联系的总和被称为系统构造。对于本研究的可持续-PPP项目系统而言，系统构造包括三个子系统的组成元素以及元素之间的相互联系，其中，相互联系又分为子系统内部元素的相互联系和子系统之间元素的相互联系。

1. 全生命周期和利益相关者视角下的PPP项目可持续性

为了正确认识系统构造，首先要正确认识PPP项目的可持续性，基于现有文献可知，需要综合全生命周期和利益相关者两个视角对PPP项目的可持续性进行研究。一方面，可持续性相关考虑对PPP项目生命周期过程的所有阶段而言都是十分重要的。Kavishe等对PPP项目从业人员的调查发现，从业人员认为"可持续发展评估总是从可行性阶段开始"是影响PPP项目实施的可持续性的最重要的因素。Carvalho和Rabechini认为项目管理领域可持续性的内部视角与项目生命周期中的管理过程有关。Kivila等认为在PPP的整个生命周期中需要采取一些项目控制措施，以确保项目交付是社会和环境可接受的，能够平衡经济和社会进步与环境考虑，实现可持续发展目标。另一方面，PPP项目涉及多方利益相关者，利益相关主体受到PPP项目可持续目标影响的同时也会对可持续目标产生影响。因此，为更好地实现PPP项目的可持续性目标，要综合考虑PPP项目中的各方利益相关者。He等提出，利益相关者之间的行为互动会对PPP项目能否实现可持续性产生重要影响。Ceschin认为PPP项目的可持续性会受到利益相关者之间互动的影响。叶晓甦和邓云认为，基础设施PPP项目可持续性的实质是分析公共部门、私人部门、社会公众三方之间的目标一致性、合作长期性、平等协调性和利益风险共享四个关系特征，以及对基础设施项目可持续性影响。

综上所述，对PPP项目可持续问题进行系统性研究时，全生命周期视角和利益相关者视角都是十分重要的，已有学者提出应结合两个视角进行研究。Berrone等构建了一个包含利益相关者的参与、可及性、可扩展性和可复制性、包容性、经济影响、韧性与环境6个维度的概念模型，以初步评估PPP对可持续发展的贡献能力，强调了利益相关者应该参与PPP项目全生命周期的不同阶段，包括设计阶段、建造或施工阶段和运营阶段。李开孟和伍迪认为，以促进可持续发展为目标的第三代PPP强调项目全生命周期过程的要素整合，要求各参与主体在项目全生命周期过程中建立良好合作，在明确的目标指引下形成合力，共同追求PPP项目全生命周期的可持续性。因此，本研究将基于全生命周期视角与利益相关者视角，对可持续-PPP项目系统构造进行研究。

2. 子系统内部元素及其相互联系

根据利益相关者社会定位和所追求利益目标的不同，本研究将系统分为公共部门、社会资本、社会公众三个子系统。在PPP项目的全生命周期过程中，利益相关者的决策和行动都会对项目的可持续发展产生影响。因此，本研究基于三方参与者在可持续目标指导下针对PPP项目可持续相关问题作出的决策与行动，对子系统的内部构造进行分析。在PPP项目中，每个组织就项目可持续问题而进行的决策过程包括可持续动机和可持续能力两个阶段，并根据这两个阶段的决策结果确定在PPP项目可持续中的投入程度（即可持续投入）。可持续动机是指组织努力实现可持续性的原因；可持续能力是指组织能够致力于持续性的能力；可持续投入是指组织针对PPP可持续做出的努力。综上，PPP项目相关组织就项目可持续问题进行决策与行动的过程如图2-3所示。

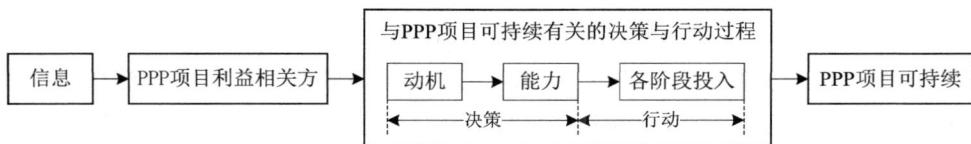

图2-3 PPP项目各方针对项目可持续问题的决策与行动过程

基于PPP项目相关组织就项目可持续问题进行决策与行动的过程，可以进一步确定每个子系统的内部元素及其相互联系。对于三个子系统而言，可持续动机主要取决于系统外部环境的影响和利益相关者内部期望的满足程度。在PPP项目中，各方利益相关者的社会定位和所追求利益目标都存在明显差异，利益相关者的决策与行为受到利益目标的影响，也受到可持续目标的影响。但是，利益目标与可持续目标之间可能存在矛盾，例如，社会资本对短期盈利能力的重视可能会成为实现可持续的阻碍。因此，在子系统内部，可持续动机发挥的作用与"调节器"类似，通过感知参与者期望的满足程度，调节参与者下一阶段的可持续决策与行为，当期望满足一定程度时，公共部门、社会资本会逐渐减少在下一阶段的可持续能力建设，社会公众也会相对减少监督行为。在本研究中，对三个关键利益相关方期望的满足程度界定如下：①公共部门期望与不超过公共部门投入上限情况下的PPP项目可持续水平呈同方向变化；②社会资本期望与满足PPP项目最低可持续性水平要求情况下的社会资本投入呈反方向变化；③社会公众期望与PPP项目可持续水平呈同方向变化。

在公共部门子系统（子系统1）中，在子系统外部环境传递而来的信息影响下，公共部门的PPP项目可持续动机会发生一定变化，从而影响公共部门可持续能力，进而影响公共部门在PPP项目各阶段中针对可持续的投入程度，最终影响PPP项目可持续水平。反过来，PPP项目各阶段的可持续水平会对子系统外部环境产生影响，从而再次作用于子系统本身，基于反馈机制长期产生相互作用，从而引起PPP项目可持续水平的动态调节。社会资本子系统（子系统2）与公共部门子系统（子系统1）中的决策与行动类似，但是由于社会资本具有明显的逐利性，因此基于上述过程，社会资本期望的满足程度不仅受到PPP项目可持续水平的影响，还会受到社会资本投入的影响。为了明确子系统1和子系统2的系统构造，还要进一步对公共部门和社会资本各阶段的能力和投入进行分析。基于前文对PPP项目可持续驱动因素的识别与分类结果可知，公共部门能力包括财政能力、管理能力、创新能力、法律基础和体制安排、效率5个要素；公共部门投入包括在可持续方面的激励、在可持续方面的监督和公共部门投资比例3个要素；社会资本能力包括社会责任、项目管理能力、运营维护的保障能力、与公共部门的沟通能力和可持续项目经验5个要素；社会资本投入包括项目设计的可持续性、项目管理过程的可持续性、可持续能力的培养、社会资本投资比例和施工质量5个要素。公共部门子系统（子系统1）的内部构造如图2-4所示，社会资本子系统（子系统2）的内部构造如图2-5所示。

在社会公众子系统（子系统3）中，由于社会公众是PPP项目提供设施和服务的直接受益者，他们对服务质量的期望或看法对PPP项目的推行以及服务的改善都十分重要。但由于社会公众对PPP项目可持续的影响主要体现在监督与反馈上，本研究对社会公众子系统内部进行研究时，不考虑社会公众的可持续能力与可持续投入两个方面，只考虑社会公众对PPP项目可持续的监督作用。社会公众的动机影响其对PPP项目可持续监督的行为，进而作用到PPP项目可持续水平上，该子系统的内部构造如图2-6所示。

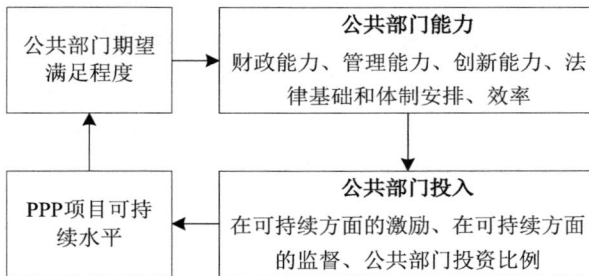

图2-4 公共部门子系统（子系统1）的内部构造

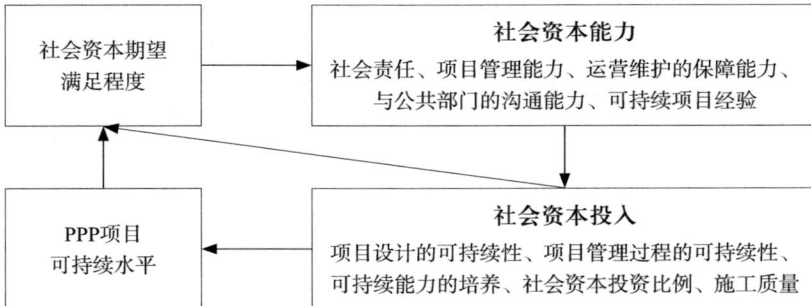

图2-5 社会资本子系统（子系统2）的内部构造

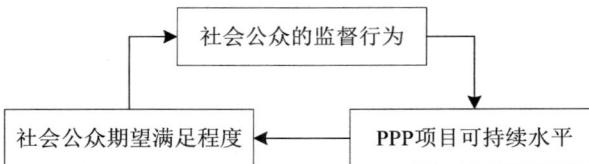

图2-6 社会公众子系统（子系统3）的内部构造

3. 子系统之间的相互联系

　　PPP项目的可持续性会受到利益相关者行为互动的影响，实现PPP项目可持续要求公共部门、社会资本、社会公众三方之间为了一致目标而长期合作、平等协调、共享利益风险。因此，在解析可持续-PPP项目系统的系统构造时，必须对子系统之间的相互联系进行探究。利益相关方之间的联系主要通过伙伴关系的关系质量来体现。但由于本研究只考虑社会公众对PPP项目可持续的监督作用，因此主要考虑公共部门与社会资本之间的伙伴关系，而社会公众与以上两个部门之间的关系为监督与服务的关系。在公共部门子系统与社会资本子系统之间，公共部门投入会影响社会资本能力与投入，而社会资本投入会影响公共部门投入。在公共部门子系统与社会公众子系统之间，社会公众的监督会影响公共部门的能力和投入。在社会资本子系统与社会公众子系统之间，社会公众的监督会影响社会资本的能力和投入。三个子系统之间的联系如图2-7所示。

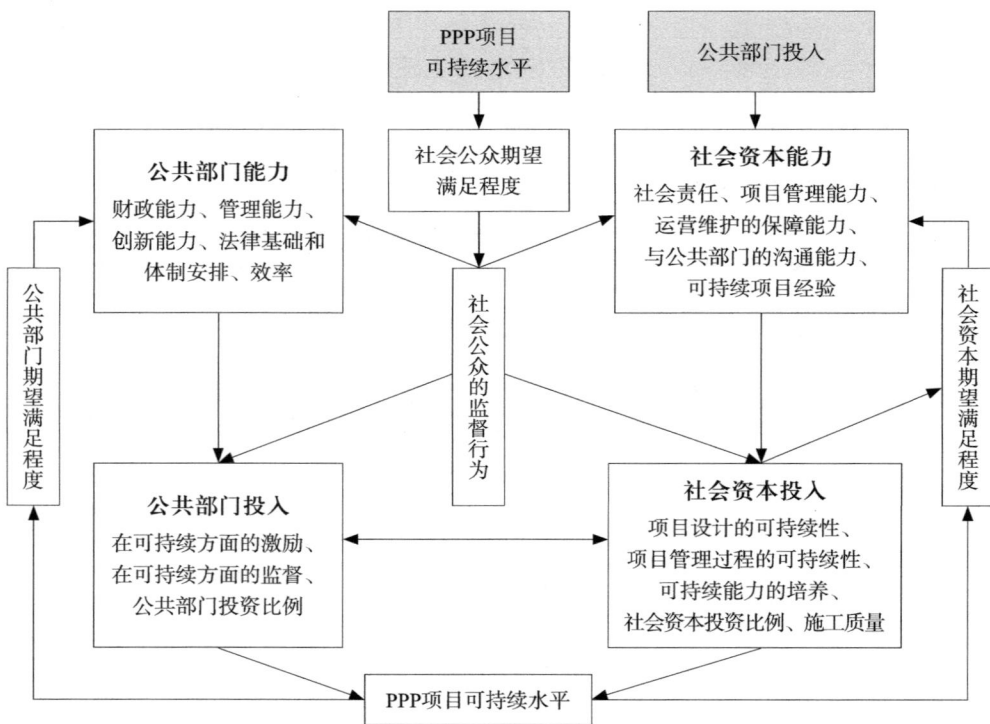

图2-7　三个子系统之间的联系

2.4.3 系统与外部环境

系统是相对划分产生的概念，所有未纳入系统内部要素的事物总和被视为系统的外部环境。每个系统都存在于一定的环境中，系统的存续和发展离不开环境的塑造作用，且系统运行也会对环境造成一定影响，这被称为系统与环境的互塑共生。因此，要深入研究系统并形成更加充分的认识，就要对系统和环境之间的相互联系进行分析。

可持续–PPP项目系统与外部环境之间存在着相互作用。可持续–PPP项目系统对其外部环境有正反两个方面的塑造作用。一方面，可持续–PPP项目系统可以对外部环境起到正面塑造作用。满足可持续要求的PPP项目有助于公共服务供给的数量、质量和效率的提高，进而提高了公共设施与服务的可及性，以增加社会福利，对区域内经济、社会发展都起到促进作用。另一方面，可持续–PPP项目系统也可能对外部环境起到反面塑造作用。未真正实现可持续的PPP项目整体可能会对外部自然、经济、社会环境造成破坏与污染，例如，加快外部环境中资源的消耗、引起社会的反对，导致外部环境的安全和质量降低等。

外部环境也会对可持续–PPP项目系统起到正反两个方面的塑造作用。一方面，外部环境可能起到正面塑造作用，例如，外部环境为系统的存续和发展提供必要的条件、物资、空间、机会等，保障PPP项目能够在一定时间和地点建成并发挥预设作用。另一方面，外部环境可能起到反面塑造作用。例如，外部环境可能会对PPP项目的设计、建造等进行限制，使PPP项目只能朝着某一方向发展。

可持续–PPP项目系统的外部环境主要体现在社会、经济、自然环境三个方面，这与可持续性的"三重底线"原则相对应。而基于"三重底线"原则构建的可持续性评价体系，很好地体现了PPP项目对其外部环境的塑造作用。因此，本研究基于前文对PPP项目可持续评价指标的识别结果，衡量可持续–PPP项目系统对外部环境的塑造作用。基于现有文献可知，外部环境对可持续–PPP项目系统的塑造作用主要体现为可持续发展理念和目标在战略层面的限制与要求，外部环境为PPP项目的存在和发展提供的空间、机遇、物资等必要条件，体现在系统存在与运行过程中。

本研究提出系统思维视角下PPP项目可持续性驱动理论模型，如图2-8所示。

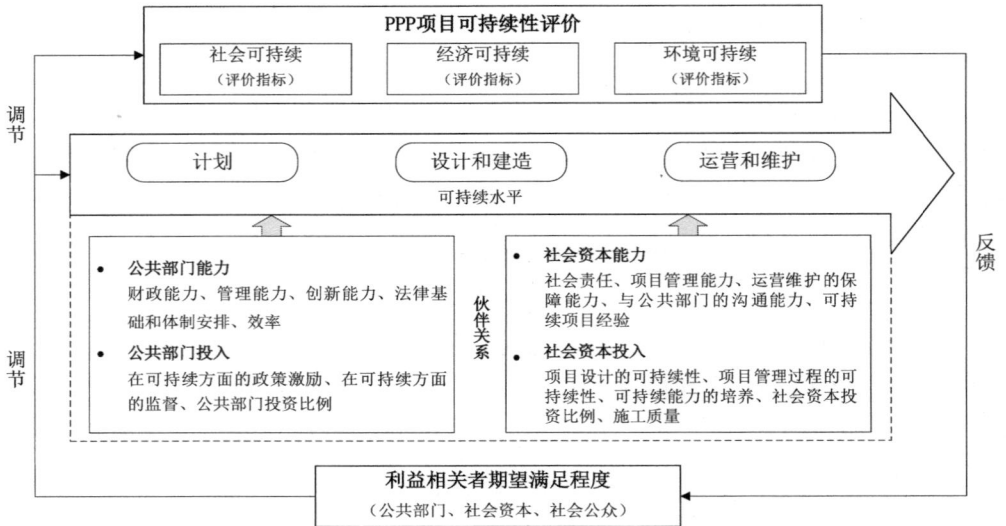

图2-8 PPP项目可持续性驱动理论模型

2.5 基础设施PPP项目可持续性系统动力学仿真

2.5.1 系统动力学方法

Forrester最早提出的系统动力学方法是系统思维在操作层面的体现，是解决复杂、动态系统问题时最常用的系统模拟方法。系统动力学方法是系统科学理论与计算机仿真相结合的一门科学，借助计算机软件以图像的形式直观呈现复杂系统构造，描述了系统内部元素之间的相互联系，并基于仿真过程揭示了系统各方面性能随时间变化的整体情况。系统动力学采用定性与定量相结合的方法处理复杂系统问题，定性方法主要体现在明确研究问题、系统边界、动态假说、系统内部的子系统结构和系统内部因果反馈回路等方面；定量方法主要体现在确定参数和初始化条件、构建方程、灵敏度分析等方面。利用系统动力学方法构建系统动力学模型的步骤如图2-9所示。

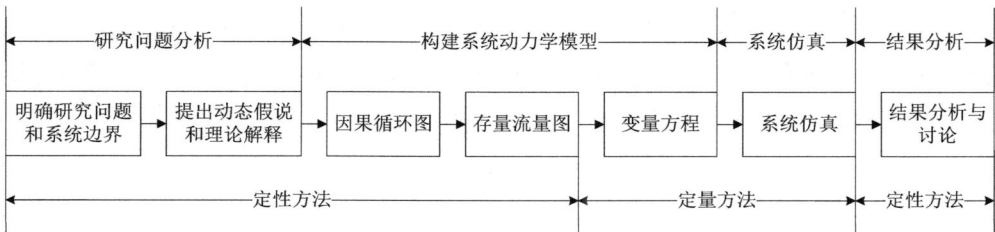

图2-9 构建系统动力学模型的步骤

利用系统动力学方法进行建模的过程是一个学习、调查和研究的过程,在这个过程中综合运用了各种数据资料与经验知识,最终提供了一个学习与策略分析的有效工具,不仅有助于建模者、决策者等人更加清晰顺畅地进行沟通,也有助于深入剖析、理解所研究问题。因此,系统动力学方法的上述特性与优势使其被广泛应用于生物、医学、社会、经济、管理等诸多领域。目前,系统动力学方法在PPP项目领域也得到了广泛应用,用于解决定价、利益平衡、战略分析、特许期决策分析、可持续等一系列问题。本研究将基于前文提出的理论模型,构建可持续–PPP项目系统的系统动力学模型,并使用Vensim PLE 8.1.0软件进行系统仿真,分析系统内各要素的特点及相互联系,进而验证该驱动理论模型的合理性。

2.5.2 PPP项目可持续系统动力学模型构建

1. 因果反馈回路分析

因果反馈回路分析是对系统内部元素因果关系的定性分析方法。前文提出的理论模型明确了研究问题以及模型的边界和体系,因此需要进一步通过因果反馈回路分析绘制因果回路图。因果回路图是显示系统内部变量之间因果关系的简图,通过变量及其形成的因果链共同描述系统的因果反馈结构。因果回路图中包含与研究问题相关的多个变量,变量之间通过由原因指向结果的箭头相连接而形成因果链,每个箭头上"+"或"−"符号表示因果链的极性,符号"+"表示两个变量的变化方向相同,符号"−"表示两个变量的变化方向相反。多个因果链共同形成一个闭合因果回路,因果回路可以根据极性的不同分为正反馈(增强型)和负反馈(平衡型)两种回路。

在正反馈回路中，任何一个变量的变化在经历回路作用后都会导致原始变量的同方向变化；在负反馈回路中，任何一个变量的变化在经历回路作用后都会导致原始变量的反方向变化。基于因果反馈回路分析的原理以及前文中对研究问题的阐释，绘制可持续–PPP项目系统的因果回路图，如图2–10所示。

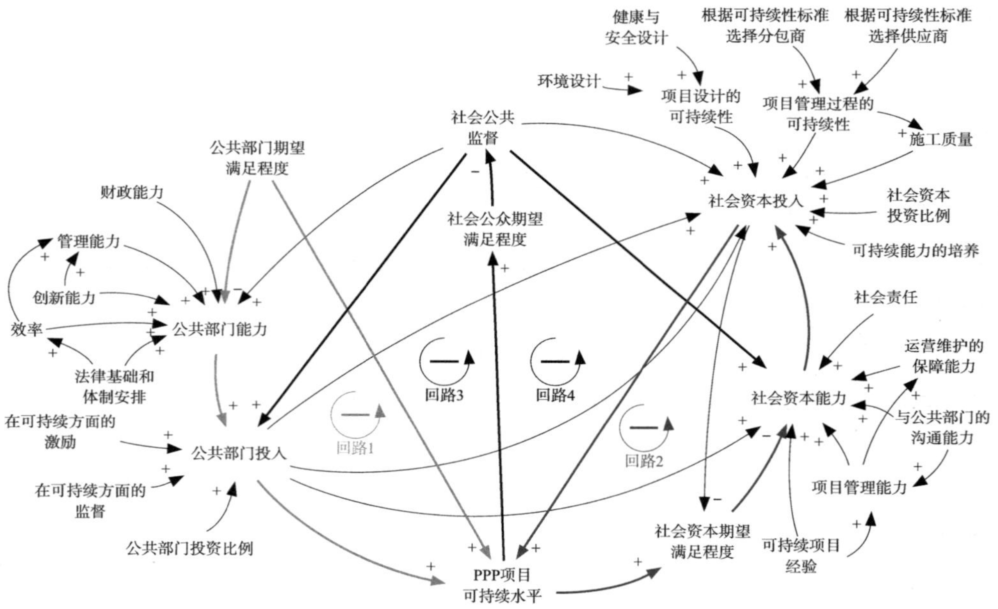

图2–10　可持续–PPP项目系统因果回路图

如图2–10所示，包含"PPP项目可持续"这一变量的反馈回路共15个，本研究选取其中最具代表性的4个回路进行分析。

回路1：公共部门期望满足程度↑→公共部门能力↓→公共部门投入↓→PPP项目可持续水平↓→公共部门期望满足程度↓。在回路1中，随着公共部门期望满足程度的升高，公共部门达到相对满意结果的情况下，其针对可持续问题进行决策与行动的意愿会逐渐下降，因此会适当减少在公共部门可持续能力建设方面作出的努力，进而适当减少在PPP项目可持续方面的投入，导致PPP项目的可持续水平的降低。

回路2：社会资本期望满足程度↑→社会资本能力↓→社会资本投入↓→PPP项目可持续水平↓→社会资本期望满足程度↓。在回路2中，随着社会资本期望满足程度的升高，社会资本继续在可持续能力建设和投入上作出的努力会有所降低，故而PPP项目可持续的增长速度也会随之降低。

回路3：社会公众期望满足程度↑→社会公众监督↓→公共部门投入↓→PPP项目可持续水平↓→社会公众期望满足程度↓。在回路3中，由于社会公众是PPP项目可持续的直接受益者，因此PPP项目可持续性水平升高带来的公共设施与服务质量的提升会直接导致社会公众期望的满足程度升高，因此社会公众在享受到服务质量的提升后，会减少对PPP项目可持续方面的监督，从而导致PPP项目可持续水平有所下降。

回路4：社会公众期望满足程度↑→社会公众监督↓→社会资本能力↓→社会资本投入↓→PPP项目可持续水平↓→社会公众期望满足程度↓。回路4与回路3类似，社会公众感受到公共设施和服务质量提升时，会降低监督的主动性与意愿。对于社会资本方而言，失去了社会公众的监督，其在可持续能力建设与投入方面会有所松懈，因此PPP项目的可持续水平也会有所降低。

2. 存量流量图构建

在确定系统内部的因果回路后，下一步是根据分析得出的因果回路图绘制系统存量流量图。存量和流量也是系统动力学方法中的核心概念。存量是累计量，也称为状态变量或水平变量，表示在系统某一状态下进行决策与行动的信息基础；流量是速率量或累积率，表示存量变化的速率。存量流量图是基于因果回路图对系统物理结构的进一步探究，也是定量分析的基础。基于前文中的因果回路图及其他相关分析，可持续-PPP项目系统的存量流量图如图2-11所示。

如图2-11所示，可持续-PPP项目系统动力学模型中包含5个状态变量、6个速率变量、11个辅助变量、16个常量，变量及其类型归纳见表2-6。

在建立关系方程之前，要先对模型中的所有变量进行量化。常量是指在整个系统仿真过程中保持不变或其变化可忽略不计的变量，本研究参照文献、现有资料和研究设计等对常量值进行量化。对于可以使用函数关系表示的变量，变量值取决于基于函数关系的计算结果，因而通过Vensim PLE 8.1.0软件中的各种函数对其进行量化。对于不易度量的"软变量"及变量之间的关系，本研究通过专家的判断和打分值来确定变量值及变量之间的关系方程。邀请了30名专家对模型中的变量及相互关系进行判断和量化（专家信息同前文表2-2）。

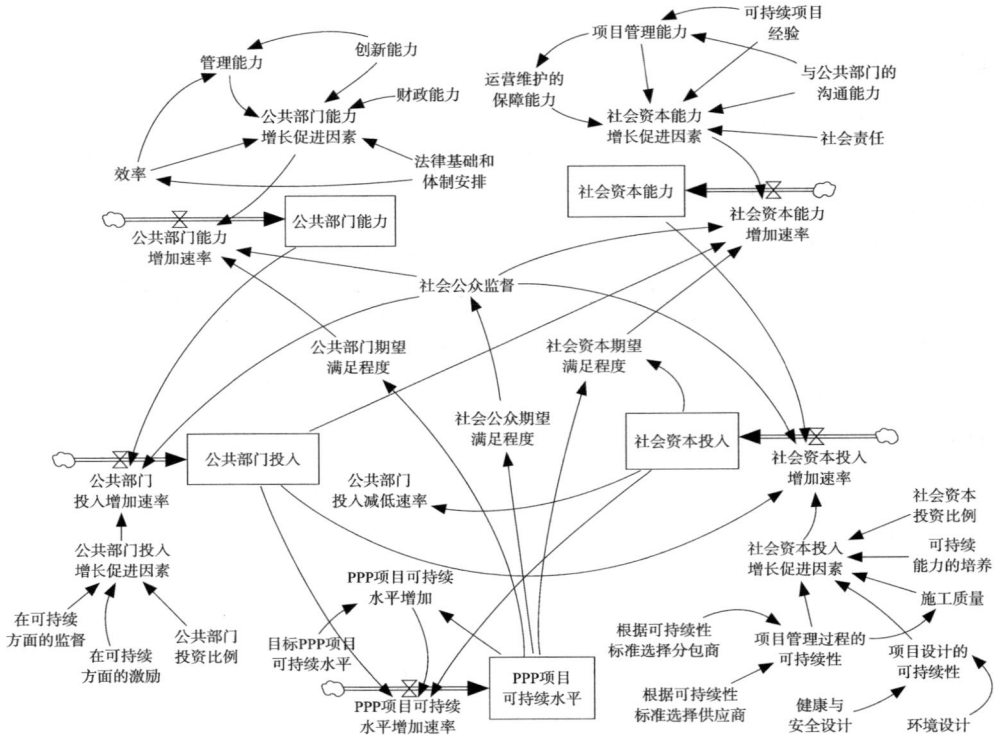

图2-11　可持续-PPP项目系统的存量流量图

系统动力学模型中的变量汇总　　　　　　　　　表2-6

变量类型	数量	变量名称
状态变量	5	公共部门能力、公共部门投入、社会资本能力、社会资本投入、PPP项目可持续水平
速率变量	6	公共部门能力增加速率、公共部门投入增加速率、公共部门投入减低速率、社会资本投入增加速率、社会资本能力增加速率、PPP项目可持续水平增加速率
辅助变量	11	公共部门管理能力、效率、项目设计的可持续性、社会资本项目管理能力、运营维护的保障能力、施工质量、项目管理过程的可持续性、公共部门期望满足程度、社会资本期望满足程度、社会公众期望满足程度、社会公众监督
常量	16	目标PPP项目可持续水平、公共部门投资比例、社会资本投资比例、健康与安全设计、环境设计、根据可持续性标准选择分包商、根据可持续性标准选择供应商、可持续项目经验、社会责任、与公共部门的沟通能力、法律基础和体制安排、财政能力、创新能力、在可持续方面的激励、在可持续方面的监督、可持续能力的培养

3. 建立系统动力学方程

（1）确定变量之间的关系权重

在进行系统仿真之前需要对变量之间的关系进行总结，并基于变量之间的相互联系和量化数据建立系统动力学方程。本研究通过专家打分法对变量之间的关系进行赋值，专家基本信息如前文表2-2所示。在进行专家打分之前，归纳了模型涉及的所有变量及其描述性解释，保证专家在打分时对变量理解的准确性。基于所收集的打分结果，本研究采用信息熵权法量化变量之间的关系权重。信息熵是热力学中"熵"的概念在信息论中的应用。熵是表征信息量大小的量，某个指标的信息熵值越小，则说明该指标在评价与决策时能够提供的信息量越多，则说明该指标的重要程度越高，指标权重也越大。目前，信息熵权法已被广泛应用于工程技术、经济、管理等领域，运用信息熵权法确定指标权重的过程如下。

首先，需要对各指标的专家打分结果进行标准化处理。设有n维m个指标P_i，$m = 1, 2, \cdots\cdots, m$，其中，$P_i = \{p_1, p_2, \cdots\cdots, p_n\}$。标准化后的值为$Q_1$，$Q_2$，$\cdots\cdots$，$Q_m$。其中，$q_j = \dfrac{x_{ij}}{\sum_{i=1}^{n} x_{ij}}$，$j = 1, 2, \cdots\cdots, n$。

其次，求出每个指标信息熵的值。由信息论中对信息熵的定义可知，一组数据的信息熵为$E_j = [-\ln(n)]^{-1} \sum_{i=1}^{n} q_{ij} \ln q_{ij}$。如果$l_{ij} = 0$，则定义$\lim_{l_{ij} \to 0} q_{ij} \ln q_{ij} = 0$，从而得到$m$个指标的信息熵$E_1$，$E_2$，$\cdots\cdots$，$E_m$。

最后，根据每个指标的信息熵值确定各指标权重。计算各指标权重的公式为$W_i = \dfrac{1 - E_i}{\sum (1 - E_i)}$，$i = 1, 2, \cdots\cdots, m$。其中，$1 - E_i$为偏差系数，某个指标的偏差系数越大，则该指标在系统中的重要程度越高，该指标在系统中所起的作用也越大。

按照上述步骤运用信息熵权法对专家打分结果进行处理后，得到各变量之间的关系权重见表2-7。其中，一级变量是可以通过二级变量之间的函数关系进行表示的变量。

各变量之间的关系权重   表2-7

编号	一级变量	编号	二级变量	编号	权重值
I_1	公共部门能力增加速率	I_{11}	公共部门期望满足程度	$w_{I_{11}}$	0.14
		C	社会公众监督	w_C	0.14
		A_1	公共部门能力增长促进因素	w_{A_1}	0.72
A_1	公共部门能力增长促进因素	A_{11}	创新能力	w_{11}	0.18
		A_{13}	财政能力	w_{13}	0.19
		A_{12}	管理能力	w_{12}	0.17
		A_{14}	效率	w_{14}	0.3
		A_{15}	法律基础和体制安排	w_{15}	0.17
I_2	公共部门投入增加速率	P_1	公共部门能力	w_{P_1}	0.17
		C	社会公众监督	w_C	0.18
		A_2	公共部门投入增长促进因素	w_{A_2}	0.65
A_2	公共部门投入增长促进因素	A_{21}	在可持续方面的激励	w_{21}	0.24
		A_{22}	在可持续方面的监督	w_{22}	0.48
		A_{23}	公共部门投资比例	w_{23}	0.27
I_3	社会资本能力增加速率	A_{36}	社会资本期望满足程度	w_{36}	0.14
		P_2	公共部门投入	w_{P_2}	0.12
		C	社会公众监督	w_C	0.12
		A_3	社会资本能力增长促进因素	w_{A_3}	0.62
A_3	社会资本能力增长促进因素	A_{31}	项目管理能力	w_{31}	0.18
		A_{32}	可持续项目经验	w_{32}	0.24
		A_{33}	社会责任	w_{33}	0.22
		A_{34}	与公共部门的沟通能力	w_{34}	0.15
		A_{35}	运营维护的保障能力	w_{35}	0.22

编号	一级变量	编号	二级变量	编号	权重值
I_4	社会资本投入增加速率	P_3	社会资本能力	w_{P_3}	0.14
		P_2	公共部门投入	w_{P_2}	0.11
		C	社会公众监督	w_C	0.11
		A_4	社会资本投入增长促进因素	w_{A_4}	0.64
A_4	社会资本投入增长促进因素	A_{41}	项目设计的可持续性	w_{41}	0.21
		A_{42}	施工质量	w_{42}	0.21
		A_{43}	社会资本投资比例	w_{43}	0.21
		A_{44}	可持续能力的培养	w_{44}	0.16
		A_{45}	项目管理过程的可持续性	w_{45}	0.21
I_5	PPP项目可持续增加速率	P_2	公共部门投入	w_{P_2}	0.21
		P_4	社会资本投入	w_{P_4}	0.22
		A_5	PPP项目可持续水平变化	w_{A_5}	0.57
A_{12}	公共部门管理能力	A_{11}	创新能力	w_{12-11}	0.22
		A_{14}	效率	w_{12-14}	0.78
A_{31}	社会资本项目管理能力	A_{32}	可持续项目经验	w_{31-32}	0.59
		A_{34}	与公共部门的沟通能力	w_{31-34}	0.41
A_{45}	项目管理过程的可持续性	A_{451}	根据可持续标准选择分包商	w_{451}	0.48
		A_{452}	根据可持续标准选择供应商	w_{452}	0.52
A_{41}	项目设计的可持续性	A_{411}	环境设计	w_{411}	0.42
		A_{412}	健康与安全设计	w_{412}	0.58

（2）建立系统动力学方程

在所构建的系统动力学模型结构的基础上，基于变量之间的关系权重、变量初始化结果、常量赋值结果等数据，建立系统模型涉及的变量的系统动力学方程，变量方程归纳见表2-8。

系统模型涉及变量的系统动力学方程　　　　　　　　表2-8

编码	变量名称	变量类型	变量方程
P_1	公共部门能力	水平变量	$P_1 = \text{INTEG}(0.8 \times A_1, 1)$
P_2	公共部门投入	水平变量	$P_2 = \text{INTEG}\left[0.7 \times (A_2 - A_5), 1\right]$
P_3	社会资本能力	水平变量	$P_3 = \text{INTEG}(0.8 \times A_3, 0.8)$
P_4	社会资本投入	水平变量	$P_4 = \text{INTEG}(0.7 \times A_4, 0.8)$
P_5	PPP项目可持续水平	水平变量	$P_5 = \text{INTEG}(0.6 \times A_5, 0)$
I_1	公共部门能力增加速率	速率变量	$I_1 = -w_{I_{11}} \times I_{11} + w_C \times C + w_{A_1} \times A_1$
I_2	公共部门投入增加速率	速率变量	$I_2 = w_{P_1} \times P_1 - w_C \times C + w_{A_2} \times A_2$
I_3	社会资本能力增加速率	速率变量	$I_3 = -w_{36} \times A_{36} + w_{P_2} \times P_2 - w_C \times C + w_{A_3} \times A_3$
I_4	社会资本投入增加速率	速率变量	$I_4 = w_{P_3} \times P_3 + w_{P_2} \times P_2 - w_C \times C + w_{A_4} \times A_4$
I_5	PPP项目可持续增加速率	速率变量	$I_5 = w_{P_4} \times P_4 + w_{P_2} \times P_2 + w_{A_5} \times A_5$
I_6	公共部门投入减低速率	速率变量	$I_6 = P_4 \times 0.3$
A_1	公共部门能力增长促进因素	辅助变量	$A_1 = w_{11} \times A_{11} + w_{12} \times A_{12} + w_{13} \times A_{13} + w_{14} \times A_{14} + w_{15} \times A_{15}$
A_2	公共部门投入增加促进因素	辅助变量	$A_2 = w_{21} \times A_{21} + w_{22} \times A_{22} + w_{23} \times A_{23}$
A_3	社会资本能力增长促进因素	辅助变量	$A_3 = w_{31} \times A_{31} + w_{32} \times A_{32} + w_{33} \times A_{33} + w_{34} \times A_{34} + w_{35} \times A_{35}$
A_4	社会资本投入增长促进因素	辅助变量	$A_4 = w_{41} \times A_{41} + w_{42} \times A_{42} + w_{43} \times A_{43} + w_{44} \times A_{44} + w_{45} \times A_{45}$
A_5	PPP项目可持续水平变化	辅助变量	$A_5 = G - P_5$
A_{12}	管理能力	辅助变量	$A_{12} = w_{12-11} \times A_{11} + w_{12-14} \times A_{14}$
A_{31}	社会资本项目管理能力	辅助变量	$A_{31} = w_{31-32} \times A_{32} + w_{31-34} \times A_{34}$
A_{35}	运营维护的保障能力	辅助变量	$A_{35} = 0.8 \times A_{31} + 1.3$
A_{14}	公共部门效率	辅助变量	$A_{14} = 0.3 \times A_{15} + 1.2$

续表

编码	变量名称	变量类型	变量方程
A_{41}	项目设计的可持续性	辅助变量	$A_{41} = w_{411} \times A_{411} + w_{412} \times A_{412}$
A_{42}	施工质量	辅助变量	$A_{42} = 0.7 \times A_{45} + 1.1$
A_{45}	项目管理过程的可持续性	辅助变量	$A_{45} = w_{451} \times A_{451} + w_{452} \times A_{452}$
C	社会公众监督	辅助变量	$C = 1.5 - 0.3 \times C_1$
C_1	社会公众期望满足程度	辅助变量	$C_1 = 0.9 \times P_5$
A_{16}	公共部门期望满足程度	辅助变量	$A_{16} = 0.8 \times P_5$
A_{36}	社会资本期望满足程度	辅助变量	$A_{36} = 0.3 \times (P_5 - P_4)$

除上述可以使用变量间函数关系表示的变量之外，还有部分不能使用变量间函数关系表示出的变量，即需要定性或定量分析的常量值，基于专家判断、文献参考以及经验数据对其进行赋值见表2-9。

常量赋值 表2-9

编码	变量名称	赋值
A_{11}	创新能力	3.8
A_{13}	财政能力	$A_{13} = \dfrac{1}{资产负债率}$
A_{15}	法律基础和体制安排	5.5
A_{21}	在可持续方面的激励	$A_{21} = \dfrac{5年内PPP项目可持续方面的政策}{5年内PPP项目总政策数} \times 100$
A_{22}	在可持续方面的监督	4.6
A_{32}	可持续项目经验	5.9
A_{33}	社会责任	6.1
A_{34}	与公共部门的沟通能力	7.5

续表

编码	变量名称	赋值
A_{44}	可持续能力的培养	4.2
A_{451}	根据可持续标准选择分包商	1.8
A_{452}	根据可持续标准选择供应商	3.3
A_{411}	环境设计	4.8
A_{412}	健康与安全设计	7.8

4. 系统仿真与结果分析

（1）模型有效性检验

在正式进行定量仿真分析之前，必须通过一系列的测试来检验系统动力学模型的有效性。本研究通过结构评价测试、量纲一致性测试和敏感性测试来检验所构建系统动力学模型的有效性。

第一步：结构评价测试。模型结构主要取决于系统的因果回路分析，基于前文内容可知，本模型的因果回路及内部支撑具有较强的理论支撑，并且经过专家访谈进行了完善，因此本研究所构建的系统动力学模型符合结构评价测试要求。

第二步：量纲一致性测试。量纲一致性检验是为了保证模型中所有变量之间的度量维度一致，Vensim软件自带有量纲核对功能，经检验，本研究所构建模型满足量纲一致性要求。

第三步：敏感性测试。敏感性测试是保证模型可靠性的关键，主要通过观察调节某一变量后系统行为的合理性进行。本研究选择一个典型变量进行敏感性分析，说明所构建模型的行为与现实情况相符。以"可持续项目经验"这一变量为例，分别测试其取值5.9、10.9、15.9、20.9、25.9情形时的"社会资本能力"变化情况，测试结果如图2-12所示。由图2-12可知，随着可持续项目经验取值的逐渐增大，社会资本可持续能力也有所增加。基于前文内容可知，社会资本方积累的可持续项目经验是促进社会资本可持续能力增加的重要因素，因此模型测试结果与实际情况相符。

根据上述测试可知，本研究所构建模型能够较好地反映各变量的实际变化，故可以基于此模型进行系统仿真与分析。

社会资本能力

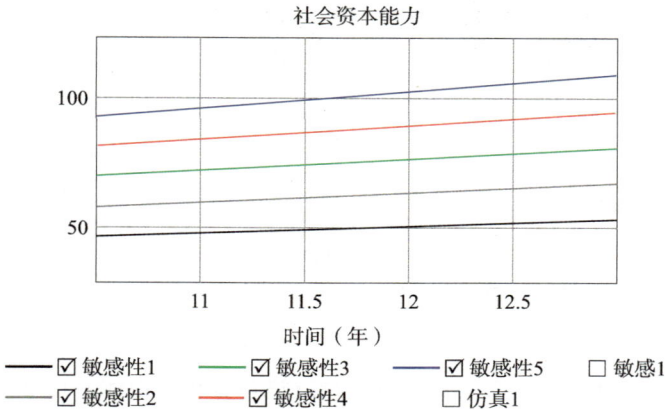

图2-12　模型敏感性测试样例

（2）模型仿真

基于所构建的系统动力学以及变量方程，进行系统仿真以预测PPP项目可持续水平的变化趋势。为了便于观测在一定的目标可持续水平下，改变公共部门与社会资本方投资比例对PPP项目可持续水平的影响，以帮助制定更合适的投资分配方法，根据表2-10的投资比例分别进行了系统仿真。

公共部门与社会资本投资比例　　　　　　　　　　表2-10

编码	变量名称	赋值1	赋值2	赋值3
G	目标PPP项目可持续水平	50	50	50
A_{23}	公共部门投资比例	0.8	0.7	0.6
A_{43}	社会资本投资比例	0.2	0.3	0.4

根据上述不同投资比例进行系统仿真后，PPP项目可持续水平的变化情况如图2-13所示。

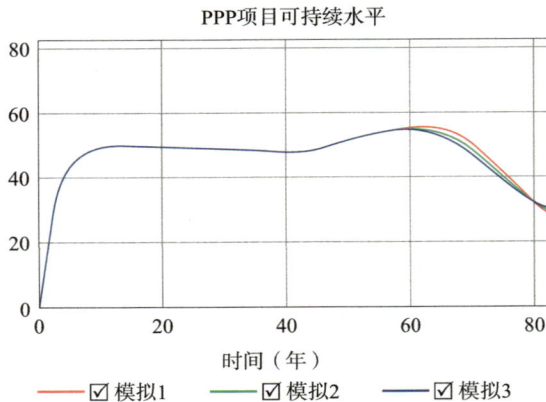

图2-13　不同投资比例下的PPP项目可持续水平变化情况

　　首先对PPP项目可持续水平整体变化情况进行分析。由图2-13可知，在目标PPP项目可持续水平为50，初始PPP项目可持续水平为0的情况下：

　　1）0~16年间，由于该时间段内的PPP项目正处于计划阶段和建造阶段，公共部门与社会资本方在这个阶段内将对PPP项目进行一系列计划制定与大量资源投入，因此PPP项目可持续水平迅速增长直至接近目标值。

　　2）16~40年间，大部分区间内PPP项目处于运营维护阶段，在这个时间段内，公共部门与社会资本不断对PPP项目进行资源投入，并且根据PPP项目可持续水平、期望满足程度和社会公众的监督等对自身的可持续能力与可持续投入进行调整，因此PPP项目可持续水平在目标PPP可持续项目水平附近波动，处于动态平衡状态。

　　3）40~60年间，PPP项目可持续水平略微超过目标PPP可持续水平。这是因为这段区间主要是PPP项目的运营维护阶段，并且在该期间有部分PPP项目是由公共部门方进行维护和运营，因此随着公共部门与私营部门能力的进一步提升和投入的进一步增加，PPP项目的可持续水平会进一步上升，超过最初预期的可持续目标水平。但是，若为了实现PPP项目可持续水平的提升，而在可持续方面投入过多，经济可持续水平的大幅下降会导致整体可持续水平出现下降趋势。

　　基于PPP项目整体的可持续水平变化情况，进一步分析公共部门与社会资本投资比例不同对PPP项目可持续水平的影响。为了图片显示更为直观与清晰，将图2-13进行局部放大，如图2-14所示。

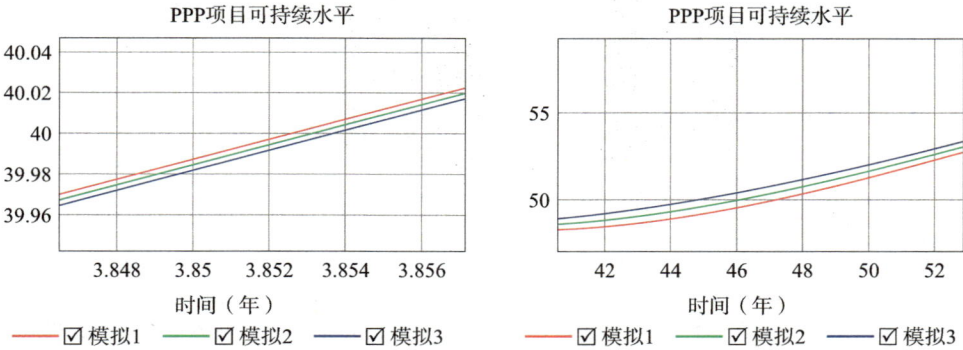

图2-14 不同投资比例下的PPP项目可持续水平变化情况（局部放大）

结合图2-13与图2-14可知，在0～33年内，随着公共部门投资比例的减少，PPP项目可持续水平逐渐降低，说明在PPP项目生命周期的前中期，公共部门投资对PPP项目可持续水平的提升更为重要。在33～57年间，随着社会资本投资比例的增大，PPP项目可持续水平逐渐上升，说明在PPP项目生命周期的中后期，社会资本投资对PPP项目可持续水平的提升更为重要。因此，为了更好地实现PPP项目的可持续水平，不仅要考虑公共部门与社会资本的投资比例，还要考虑公共部门投资与社会资本投资对PPP项目各阶段而言的重要性。

（3）关键变量敏感度分析

本研究从模型中选取公共部门在可持续方面的监督、社会资本对人员的可持续能力的培养、公共部门在可持续方面的创新、社会资本方企业的社会责任四个变量进行敏感度分析。将四个变量分别等差增加10的值取得三组不同的变量值进行测试，敏感度分析结果如图2-15所示。

根据敏感度分析结果可知，上述四个变量对PPP项目可持续水平的影响程度由高到低分别为：公共部门在可持续方面的监督＞社会资本方企业的社会责任＞公共部门在可持续方面的创新＞社会资本对人员的可持续能力的培养。因此，在实现PPP项目可持续性的过程中，公共部门要重视加强对可持续相关问题的监督，社会资本方加强企业的社会责任提升。

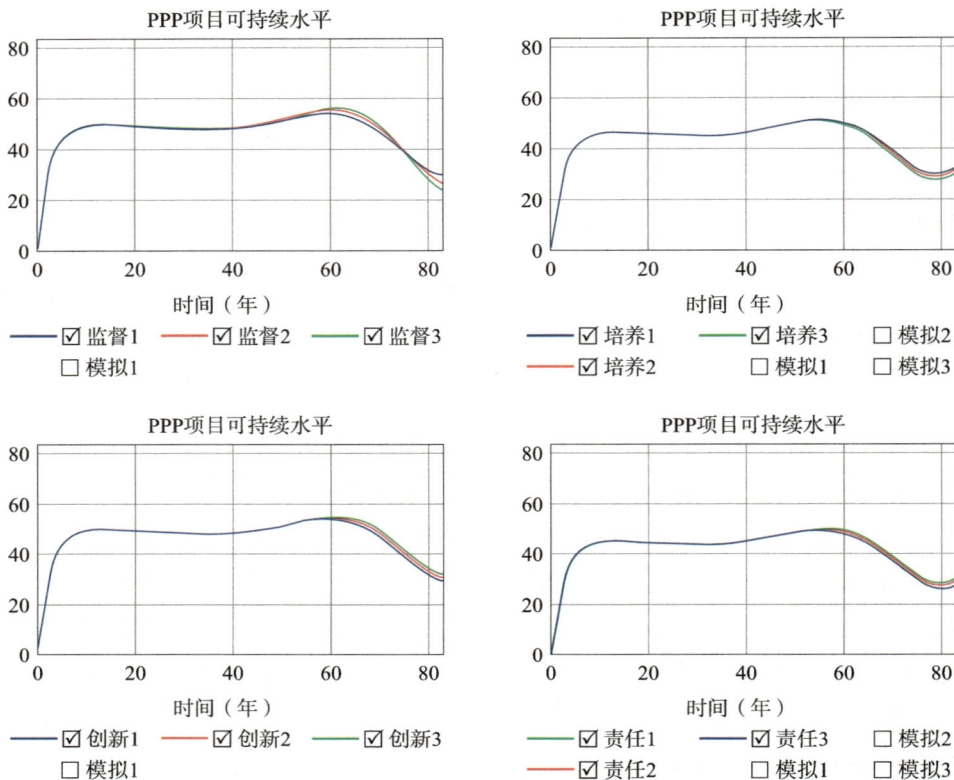

图2-15　变量敏感度分析结果

2.6 结论与启示

基于所构建的系统动力学模型以及对模型检验与仿真结果的分析可知，无论是公共部门还是社会资本方，在对PPP项目进行可持续管理时，都需要基于系统思维，综合全生命周期视角与利益相关者视角对PPP项目进行系统化管理和针对性管理。具体地，为了更好地实现PPP项目的可持续目标，对管理者提出以下几点建议：

第一，在PPP项目可持续管理中，需要重视系统思维方式的运用。系统思维要求管理者将整体与局部有机结合，不仅要关注局部要点，还要有效把握整体的可持续性。在系统思维方式的指导下，管理者应该综合PPP项目的全生命周期视角与利益相关者视角。管理者需要对全生命过程的PPP项目可持续进行控制，并且平衡关键利益相关者（公共部门、社会资本和社会公众）之间的利益目标，积极带动关键利益相关者构建良好的伙伴关系。

第二，注重公共部门和投资部门在可持续方面的能力建设以及合理控制在可持续方面的投入。管理者应该明确能够对PPP项目可持续水平产生重要影响的因素，并且针对性地加强自身在可持续方面的能力建设。在PPP项目全生命周期的前中期可以适当加大在可持续方面的投入以更快达到目标可持续水平，当接近目标值后，可以适当减少投入。

第三，注意公共部门与社会资本的投资比例分配及资金使用阶段。由模型仿真结果可知，公共部门投入在中前期对PPP项目可持续水平的影响较大，公共部门投资比例上升，则PPP项目可持续水平也随之上升；而在PPP项目中后期，社会资本投入的影响更大，并且随着社会资本投资比例的增大，PPP项目可持续水平逐渐上升。

第四，加强在可持续方面的监督，包括公共部门采取的监督措施以及鼓励社会公众对PPP项目全生命周期的监督。由敏感度分析可知，公共部门在可持续方面的监督对PPP项目可持续水平的影响较为明显，因此应该重视针对可持续的监督。而对于社会公众而言，社会公众的监督是其参与PPP项目决策与行动过程的重要方式，因此还应该采取一定措施鼓励社会公众针对PPP项目可持续问题进行监督与反馈。

3

基础设施PPP项目
绩效跨期效应研究

PPP模式具有伙伴关系、利益共享、风险共担三大属性，且通常具有项目生命周期长、利益相关者多、合同金额大等特征。PPP项目的实施过程中涉及利益相关者之间的合作与博弈，在项目的不同阶段，以政府、社会资本（私营部门）和一般公众为代表的利益相关者们的参与程度、参与方式、作用关系存在明显的差别，对项目绩效有着不同的衡量标准和利益需求。因此，在对PPP项目进行绩效评价时，如何基于利益相关者网络确定利益相关者的话语权并将其纳入绩效评价体系，实现利益相关者的绩效评价参与，具有一定的现实意义和应用价值。

本章旨在综合全生命周期与利益相关者二元视角，探究基础设施PPP项目绩效驱动效应及跨期效应。具体而言，从项目特征、项目环境、利益相关者关系、项目公司能力等方面识别PPP项目绩效影响因素，探究全生命周期过程中绩效影响因素的传导机制以及利益相关者网络演变机制；基于二元视角，构建基础设施PPP项目绩效评价指标体系，并建立绩效"跨期效应"模型，采用实证分析检验各阶段绩效跨期效应。

3.1 基础设施PPP项目绩效影响因素传导机制

3.1.1 引言

PPP模式已应用于全球范围内的基础设施开发中。该模式旨在整合私营部门的资源和专业知识，用于公共项目的实施，从而通过提高交付效率和服务质量来增强项目产出。然而，由于监管不力，许多PPP项目绩效不尽如人意，例如澳大利亚的南十字星火车站和中国的杭州湾跨海大桥分别出现了工期延误和预算超支的问题。值得注意的是，项目生命周期中某一阶段（如设计阶段）的绩效管理不当可能引发多米诺骨牌效应，对后续阶段（如施工阶段和运营阶段）的产出产生不利影响。因此，探索PPP项目绩效的决定因素及其影响传导模式至关重要。

PPP项目是一种长期的合同安排，涉及包括公共机构和私营实体在内的复杂利益相关者网络。由于存在财务、市场和项目管理等风险，与传统采购方式相比，PPP项目在交付过程中具有更高的不确定性。因此，PPP项目的绩效可能受多种因素（即影响因素）的决定，特别是那些与项目关键利益相关者相关的因素。关键利益相关者对某一事件/因素的利益倾向会影响项目的进展。利益相关者的影响力越大，其对项目绩效的潜在影响也就越大。因此，有必要量化关键利益相关者对PPP项目的影响。

现有文献中不乏关于PPP项目绩效影响因素和建筑领域利益相关者影响的研究。然而，研究缺乏通过量化不同利益相关者的影响力水平来衡量PPP项目绩效影响因素的影响水平及其传导模式。通过理解PPP项目绩效影响因素的传导模式，可以为从业者提供对项目及其所在组织绩效潜在动态的洞察，从而确保其制定恰当的管理行动以实现组织战略。据此，本研究旨在运用绩效管理和利益相关者管理理论，采用一种混合方法来解释PPP项目绩效影响因素的传导模式。

3.1.2 研究设计

1. 研究过程

绩效管理理论认为，组织绩效在很大程度上由关键利益相关者的贡献决定。因此，在识别PPP项目绩效影响因素的潜在动力机制时，不应忽视项目利益相关者视角。因此，本研究提出了一种结合社会网络分析（Social Network Analysis，SNA）、解释结构模型（Interpretive Structural Modelling，ISM）和改进的决策试验与评价实验室（Decision-Making Trail and Evaluation Laboratory，DEMATEL）的混合方法（图3-1）。本研究过程包含四个阶段：①利用访谈收集的数据进行SNA，以解释关键利益相关者及其影响，从而构建PPP项目利益相关者网络；②通过文献分析初步识别绩效影响因素及其子因素，并面向第一阶段所识别的关键利益相关者开展访谈，进一步确定绩效影响因素；③对细化的子因素及其影响程度进行排序，并通过第二阶段问卷调查进一步评估；④采用ISM-DEMATEL方法确定已识别影响因素的传导模式及其因果关系，并提出管理策略。

本研究过程如图3-1所示。

2. 数据收集

本研究的数据来源于文献综述、访谈和问卷调查。具体而言，首先通过文献分析初步确定PPP项目中的利益相关者清单和项目关键因素。随后，对10名PPP从业者进

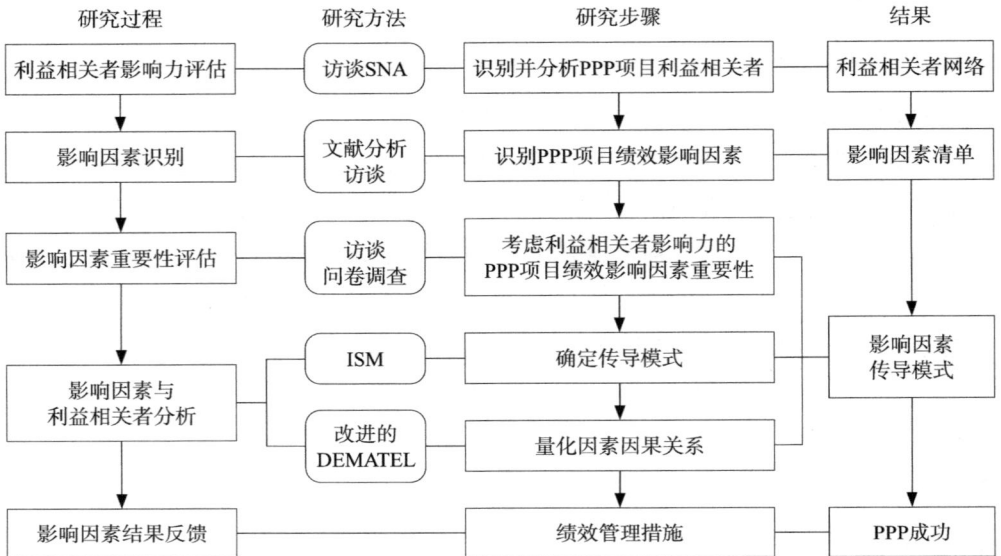

图3-1　研究过程

行了半结构化访谈，以进一步完善已识别的利益相关者。访谈设计了一系列指向性问题，包括：

（1）您认为哪些利益相关者在PPP项目中很重要？

（2）您认为利益相关者之间存在哪些关系？

（3）您认为在关键因素列表中，哪些因素需要移除或改变位置，哪些因素需要添加到列表中？

访谈对象的基本信息汇总在表3-1中。基于文献分析和访谈结果，确定了PPP项目的13个利益相关者群体；同时，识别并列出了包含22个子因素的5个关键因素。

采访对象基本信息（$N=10$）　　　　　　　　　　表3-1

被采访者	职务	利益相关者	PPP工作/研究年限（年）
1	副主管	政府监管部门	8
2	设计总工程师	勘察设计单位	9
3	部门经理	金融机构	16

续表

被采访者	职务	利益相关者	PPP工作/研究年限（年）
4	部门负责人	社会资本方	5
5	项目经理	建筑单位	6
6	负责人	咨询单位	8
7	部门主管	监理单位	6
8	高级研究员	政府投资方	7
9	运营总监	运营单位	5
10	大学教授	其他	16

　　随后，采用了两阶段的问卷调查来确定已识别影响因素（IFs）对PPP项目绩效的影响程度以及因素之间的因果关系。在第一阶段，设计了七点李克特量表（1＝影响程度低；7＝影响程度高）和0-1量表（1＝影响因素之间存在因果关系；0＝影响因素之间不存在因果关系）。问卷包括三部分：①受访者的基本信息；②子因素的影响程度；③所识别影响因素之间的因果关系。在第二阶段，开发了五点李克特量表（1＝因果关系弱；5＝因果关系强）。问卷包含两部分：①受访者的基本信息；②所识别影响因素之间的因果关系程度。除使用者（用户）外，参与问卷调查的PPP专业人士均拥有三年以上工作/研究经验。

　　研究共分发了80份问卷，回收34份完整问卷，有效问卷回收率为42.5%。表3-2列出了受访者的关键信息。

回答者基本信息（$N=34$）　　　　　　　　　　　　　　　　表3-2

回答者	频数	百分比
政府监管部门	4	11.8%
政府投资方	3	8.8%
社会资本方	4	11.8%
金融机构	3	8.8%

回答者	频数	百分比
建筑单位	3	8.8%
咨询单位	3	8.8%
勘察设计单位	3	8.8%
监理单位	2	5.9%
运营单位	2	5.9%
供应商	2	5.9%
分包商	2	5.9%
社会公益组织	1	2.9%
项目使用者（用户）	2	5.9%

经验	频数	百分比
3～5年	18	52.9%
6～10年	11	32.4%
>10年	5	14.7%

3.1.3 利益相关者影响力分析

1. 社会网络分析

　　Freeman提出了企业研究中的利益相关者管理范式。他认为，企业的成功取决于内部和外部利益相关者。由于建筑业复杂的利益相关者网络所带来的管理问题，后续研究探索了该行业中的利益相关者理论。PPP项目以公共和私营部门参与组织之间的长期、复杂和动态关系为特征，很多研究强调了在不同项目生命周期阶段管理外部利益相关者时考虑动态视角的重要性。

　　建设项目的利益相关者分析指的是"在项目环境中处理利益相关者复杂性的过程或方法"。它是利益相关者管理中重要的一部分，涉及识别关键利益相关者及其利益、利益相关者评估和利益相关者测度。因此，很多PPP相关文献中探索了关键利益相关者对项目绩效的影响。例如，Yuan等整合了PPP利益相关者的经验和知识，以量化所有利益相关者群体的决策权重，并为PPP项目选择适当的绩效目标水平。Liu等明确了利益相关者在确定PPP项目绩效测量系统中的关键绩效指标方面的重要性。然而，关键利益相关者如何影响PPP项目绩效的定量研究问题尚未得到足够关注。

利益相关者的影响力水平由以下要素决定：①与其他利益相关者的联系；②资源属性；③由上述联系形成的网络。由于PPP项目中利益相关者结构的复杂性，例如在经营性基础设施项目中，公共部门试图最大化社会福利，而私营实体则以利润为导向，追求利润最大化。因此，在"合作伙伴关系"中平衡不同利益相关者的利益和影响力是一项挑战。深入了解利益相关者影响PPP绩效的程度，可以实现风险的最优分配和适当的合作，从而确保项目成功并为使用者（用户）提供更高的使用价值。

2. 利益相关者网络

本研究采用社会网络分析（SNA）对项目利益相关者进行分析。SNA是特定人员之间的一组特定联系，其附加属性是这些联系作为一个整体的特征可用于解释所涉及人员的社会行为。它是分析不同个体和群体之间相互作用的有用工具。本研究采用Walker等提出的项目利益相关者类型学理论，共识别出13类利益相关者，包括：①政府监管部门；②政府投资方；③社会资本方；④金融机构；⑤建筑单位；⑥咨询单位；⑦勘察设计单位；⑧监理单位；⑨运营单位；⑩供应商；⑪分包商；⑫社会公益组织；⑬使用者及周边群众。

结合文献研究和案例分析，本研究将PPP项目利益相关者的作用关系归纳为下述四种关系：

合同关系（Contractual Relationship），指利益相关者在经济活动中形成的具有法律效力的权利义务关系；

工作关系（Working Relationship），指在项目立项、采购和运营过程中各项工作流程中出现的审批、核准、抽查和报告等关系；

交互关系（Reciprocal Relationship），指利益相关者在项目实施过程中信息交换、沟通协调与前馈反馈等关系；

绩效监督关系（Performance Monitoring Relationship），指利益相关者之间监督职责履行的外部或非正式关系。

本研究中，上述四种关系被赋予了相同的权重。利益相关者网络关系的指标作为量化利益相关者影响力的基础。

3. 利益相关者影响力

利益相关者影响力水平评估采用了Mok等提出的三步法。首先，导出社会网络中每个利益相关者的三个中心度值，包括点中心度、中间中心度和接近中心度，这些指标表明了利益相关者对决策的影响力水平。为了避免网络规模的影响，对三个中心度值进行归一化处理，并取平均值以获得中心度指数。其次，根据中心度指数对利益相关者进行优先排序。最后，采用Lim和Finkelstein开发的以下方法评估每个利益相关者的影响力水平：

$$SInf_u = \frac{R_{\max} + 1 - rank(u)}{\sum_{v=1}^{n}[R_{\max} + 1 - rank(v)]} \tag{3-1}$$

其中，$SInf_u$是PPP项目中利益相关者u的影响力水平，$R_{\max}$是利益相关者的最大排名，$rank(u)$和$rank(v)$分别是利益相关者u和v的分数排名，n是PPP项目中的利益相关者总数。值得注意的是，排名越低意味着利益相关者影响力水平越高。

该过程旨在确定PPP项目绩效中利益相关者的优先级。使用以下方法评估影响PPP项目绩效的各个子因素的影响力水平：

$$IImp_C = \sum_{j=1}^{n} SInf_j \times q_{C_j} \tag{3-2}$$

其中，$IImp_C$是影响PPP项目的子因素C的影响力水平，$SInf$是利益相关者j的影响力水平，q_{C_j}是利益相关者j对子因素C的重要性评分，n是利益相关者的总数。

4. 分析结果

根据专家访谈（10位）和问卷调查结果，采用SNA方法，得到利益相关者的信息交换网络（图3-2），并量化利益相关者的影响力级别（表3-3）。影响力排在前三位的利益相关者是政府监管部门、政府投资方和社会资本方，代表了他们在信息网络中的重要作用。

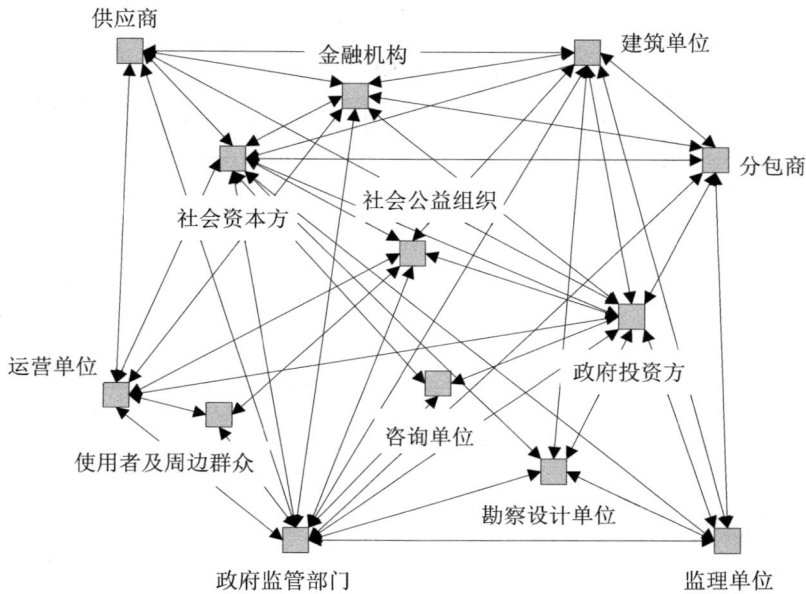

图3-2 利益相关者信息交换网络

PPP项目利益相关者的影响力 表3-3

排名	利益相关者	标准化中心度指标			中心度指数	影响力
		点中心度	中间中心度	接近中心度		
1	政府监管部门	0.68	1.00	1.00	0.89	1.00
2	政府投资方	1.00	0.5	0.92	0.81	0.88
3	社会资本方	1.00	0.5	0.92	0.81	0.88
4	建筑单位	0.66	0.5	0.80	0.65	0.75
5	金融机构	0.55	0.06	0.71	0.44	0.67
6	运营单位	0.42	0.17	0.71	0.43	0.58
7	监理单位	0.42	0.06	0.67	0.38	0.50
8	分包商	0.39	0.06	0.67	0.37	0.38

续表

排名	利益相关者	标准化中心度指标			中心度指数	影响力
		点中心度	中间中心度	接近中心度		
9	供应商	0.39	0.06	0.67	0.37	0.38
10	社会公益组织	0.18	0.11	0.67	0.32	0.25
11	勘察设计单位	0.32	0.00	0.63	0.32	0.17
12	咨询单位	0.32	0.00	0.57	0.30	0.08
13	使用者及周边群众	0.08	0.00	0.57	0.22	0.00

3.1.4 绩效影响因素传导模式

1. 绩效影响因素识别

关键成功因素（Critical Success Factors，CSFs），即影响因素（Influencing Factors，IFs），被定义为对实现预定目标至关重要的关键活动领域。它们是项目或组织中的核心要素，需要通过有效管理以实现业务成功。在此背景下，PPP绩效的影响因素被视为决定项目绩效的"基因"。显然，PPP项目的影响因素多种多样，例如"金融市场的可用性与稳定性"和"风险分担框架的可用性"，这些因素能够确保项目表现符合关键利益相关者的期望。鉴于其重要性，影响因素/关键成功因素已成为PPP文献中的热门研究主题。例如，Li等共识别了18个关键成功因素，并对其进行了排序，其中最重要的三个因素包括"强大且优质的私营联合体""合理的风险分配"以及"可用的金融市场"。此外，Zhang开发了一个包含五个主要关键成功因素及47个子因素的关键成功因素体系。同样，Chan等识别了PPP项目的13个关键成功因素，并将其分为五类，包括"稳定的宏观经济环境""公共与私营部门之间的责任共担""透明且高效的采购流程""稳定的政治和社会环境"以及"明智的政府控制"。相比而言，一些学者从基于过程的视角识别了关键成功因素。例如，Liu等提出了一个包含学习机制的全生命周期关键成功因素框架。还有许多学者专注于特定阶段的关键成功因素。例如，Liu等识别了影响招标过程有效性和效率的14个关键成功因素，并对中国和澳大利亚的这些因素进行了比较。尽管关于PPP绩效的影响因素/关键成功因素已有广泛研究，但目前尚未形成普遍认可的影响因素体系。此外，过去的研究主要集中于因素识别，而忽视了这些因素如何影响PPP绩效的作用模式。

本研究通过文献分析和专家访谈（10位），整理出基础设施PPP项目绩效影响因素22个，可归纳为五类，分别为项目特征、项目环境、利益相关者关系、项目公司能力和项目过程，见表3-4。

PPP项目绩效影响因素 表3-4

类别	编号	影响因素	类别	编号	影响因素
项目特征	A1	正确的项目识别	利益相关者关系	A12	与东道国政府当局关系良好
	A2	项目盈利能力		A13	承诺与共同目标的一致性
	A3	技术可行性		A14	公共部门和社会资本之间的权利和责任共享
	A4	有效的VFM评估	项目公司能力	A15	高效的组织架构
项目环境	A5	稳定的政治环境		A16	强大的技术解决方案
	A6	稳定有利的宏观经济环境		A17	财务能力
	A7	充分的本地金融市场		A18	良好的管理和控制能力
	A8	可预测且合理的法律框架		A19	社会资本方的实力
	A9	社会支持		A20	财务计划
利益相关者关系	A10	多利益目标	项目过程	A21	合同和协议
	A11	合理的风险分配		A22	竞争、透明且标准化的流程

本研究将利益相关者影响力纳入影响因素重要性计算中，得出影响PPP项目绩效的子因素影响程度见表3-5。总体而言，排名前四的子因素包括：①稳定的政治环境（A5）；②合同和协议（A21）；③正确的项目识别（A1）；④承诺与共同目标的一致性（A13）。其中，稳定的政治环境普遍被认为是影响PPP绩效程度最高的子因素。

PPP绩效子影响因素考虑利益相关者影响力的影响水平

表3-5

因素	子因素	整体 M'''	整体 R''	S1 M''	S1 R'	S2 M''	S2 R'	S3 M''	S3 R'	S4 M''	S4 R'	S5 M''	S5 R'	S6 M''	S6 R'	S7 M''	S7 R'	S8 M''	S8 R'	S9 M''	S9 R'	S10 M''	S10 R'	S11 M''	S11 R'	S12 M''	S12 R'	S13 M''	S13 R'
B1	A1	2.788	3	7	1	7	1	6.5	1	6.5	1	5.3	5	6.2	3	7	1	6.7	1	3	5	6.1	4	6	2	6	2	6	2
	A2	2.343	15	7	1	5.5	4	4	4	5	4	4.3	8	5.6	6	5	2	6	3	7	1	5.3	13	5	3	5	12	5	3
	A3	2.304	17	6	2	5.5	4	5	5	4.5	5	5	6	5	9	5	5	6	6	7	1	5.4	12	6	2	6	2	7	1
	A4	2.160	21	6	2	4	7	5.5	3	5	4	4.3	8	4.4	12	5	5	5.3	5	6	2	5.6	10	6	2	6	2	4	4
	A5	2.829	1	7	1	7	1	6.5	1	5	5	6.7	1	5.4	7	5	2	6.7	1	7	1	7.0	1	6	2	7	1	6	2
B2	A6	2.618	6	7	1	7	1	5	4	6	2	6.3	2	5.2	8	5	2	6	3	7	1	5.8	9	6	2	6	2	6	2
	A7	2.421	12	6	2	7	1	5	1	5	5	6	4	4.8	10	5	2	5.3	5	6	2	6.1	4	4	4	5	3	3	5
	A8	2.552	8	6	2	6.5	2	6	2	6	2	5.3	5	5.2	8	5	2	6.7	1	6	1	6.0	6	4	4	6	2	6	2
	A9	2.090	22	5	3	4.5	6	5	6	5	4	4.3	8	4.6	11	5	5	5.7	4	5	3	5.0	18	3	5	5	4	4	4
B3	A10	2.172	20	5	5	7	1	4.5	7	6	2	3	10	5	9	5	2	5.3	5	4	4	5.0	18	4	4	5	5	7	1
	A11	2.668	5	6	2	7	1	6	1	6	2	5.3	5	6.6	1	5	2	5.3	5	6	2	6.0	6	6	2	6	2	6	2
	A12	2.570	7	7	1	4.5	6	6.5	1	6	1	5.7	4	5.6	6	5	2	6	3	6	2	6.5	2	6	2	6	2	4	4
	A13	2.672	4	4	4	6	3	6.5	1	6.5	1	5.3	5	5.6	6	5	2	5.7	4	6	1	5.1	16	6	2	5	5	4	4
	A14	2.486	10	7	1	4.5	6	5	4	6	4	5.3	5	5.6	4	5	2	5	6	4	4	4.8	20	6	2	5	4	6	2
	A15	2.318	16	7	1	5	5	5.5	4	5	4	4	9	5.4	7	5	5	5.7	4	7	1	4.8	20	5	3	5	5	5	3
	A16	2.253	19	7	1	5	5	5	2	5.5	5	4.7	7	5.8	5	5	2	5.3	5	7	1	4.5	22	5	3	5	12	6	2
B4	A17	2.546	9	6	2	5	5	5	5	5	4	5.7	4	5	9	5	2	6.3	2	7	1	6.4	3	7	1	6	2	6	2
	A18	2.407	13	7	1	5	5	5.5	3	5	3	4.7	7	5.4	7	5	2	5.7	4	5	3	5.4	12	2	2	5	12	5	3
	A19	2.477	11	6	2	7	1	6	2	6	2	5.3	5	6.2	3	5	2	6.3	2	7	1	5.3	13	6	2	5	12	6	2
	A20	2.276	18	4	4	3.5	8	5.5	3	6.5	1	5.3	5	5.6	6	5	2	5.3	5	7	1	5.6	10	7	1	5	5	1	6
B5	A21	2.801	2	6	2	7	1	6.5	1	6.5	1	6.3	2	6.4	2	5	2	6.3	2	7	1	6.0	6	6	2	6	2	7	1
	A22	2.393	14	5	3	7	1	6	2	5.5	2	4.7	7	4.8	10	5	2	5.7	4	5	1	5.1	16	6	2	5	2	5	3

注：R^*表示等级，M^{**}表示均值，M^{***}表示带权重的影响水平均值［见公式（3-2）］。
(S1)政府投资方；(S2)政府监管部门；(S3)社会资本方；(S4)建筑单位；(S5)运营单位；(S6)监理单位；(S7)金融机构；(S8)勘察设计单位；(S9)分包商；(S10)咨询单位；(S11)供应商；(S12)社会公益组织；(S13)使用者及周边群众。

2. 绩效影响因素传导模式

（1）改进ISM–DEMATEL方法

ISM（解释结构模型）是一种将复杂系统分解为若干子系统要素的方法。它能够将模糊的系统模型转化为清晰且明确的结构模型，并识别系统内部的结构关系。DEMATEL（决策试验与评价实验室法）则擅长分析系统中各组成部分之间的因果关系，并基于直接关系矩阵建模决策分析中的因果性。尽管ISM和DEMATEL方法在建设领域的研究中已得到广泛应用，例如风险分析和成功因素分析，但两者的结合应用却鲜有研究。本研究采用ISM–DEMATEL方法探索因素的传导模式，因为这两种方法可以互补，并在复杂系统的分析和决策中发挥重要作用。

虽然传统DEMATEL方法具有较强的鲁棒性（Robustness），但其依赖专家的主观估计来确定因素之间的关系，且假设所有专家在决策过程中具有同等重要性。然而，在PPP项目中，内部利益相关者（如公共部门和私营实体）和外部利益相关者（如用户和社区）由于知识、经验和利益的差异，被视为异质性实体。简而言之，在PPP项目的业务流程中，考虑关键利益相关者影响力的异质性至关重要。因此，本研究对DEMATEL方法进行了改进，以量化不同专家（PPP利益相关者）在确定影响因素时的影响力。

1）ISM过程

ISM方法的步骤如下：

步骤1：定义研究问题的系统（ $B = \{b_1, b_2, \cdots\cdots, b_n\}$ ）。

步骤2：建立邻接矩阵。

对于系统 $B = \{b_1, b_2, \cdots\cdots, b_n\}$ ，专家判断每两个要素之间的相互影响关系，并构建邻接矩阵 $S=[s_{ij}]_{n \times n}$ ，其中， $s_{ij} = (0, 1)$ 。如果 $s_{ij} = 1$ ，表示 b_i 影响 b_j ；如果 $s_{ij} = 0$ ，表示 b_i 不影响 b_j （ $i = 1, 2, \cdots\cdots, n$ ）。

步骤3：建立可达矩阵。

系统 S 的可达矩阵 $Z = [z_{ij}]_{n \times n}$ 满足：

$$Z = (B+I)^X = (B+I)^{X+1} \neq (B+I)^{X-1} \qquad （3–3）$$

其中， I 为单位矩阵。如果 $z_{ij} = 1$ ，表示从 b_i 到 b_j 存在可达路径。

步骤4：分解可达矩阵并建立结构模型。

从可达矩阵Z中，可以得到以下等式：

$$U(b_i) = \{b_j \mid Z_{ij} = 1\} \qquad\qquad (3-4)$$

$$Q(b_i) = \{b_j \mid Z_{ji} = 1\} \qquad\qquad (3-5)$$

其中，$U(b_i)$表示从要素b_i可达的所有要素集合，$Q(b_i)$表示可达要素b_i的所有要素集合。通过$U(b_i)$和$Q(b_i)$，可以推导出：

$$L_1 = \{b_i \mid U(b_i) \cap Q(b_i) = U(b_i)\},\ i = 1,\ 2,\ \cdots\cdots,\ n \qquad (3-6)$$

L_1中的要素可以从其他要素到达，但无法从该要素到达其他要素。通过从Z中移除与L_1中要素对应的行和列，得到矩阵Z'。对Z'重复相同操作，找到L_2，L_3，$\cdots\cdots$，L_n，以此类推，将各要素分配到相应的层级。最后，分别得到影响因素的邻接矩阵S和可达矩阵Z，以及表示系统层次结构的图（即因素传导模式）。

2）改进的DEMATEL过程

本研究对DEMATEL方法进行了改进，以量化专家评分权重（即利益相关者影响力）。具体而言，改进的DEMATEL方法包括六个步骤，改进主要体现在步骤3中，将初始直接关系矩阵（DRM）转化为加权直接关系矩阵，以量化利益相关者评分权重（利益相关者影响力水平）。步骤如下：

步骤1：定义决策目标并建立研究问题的系统（$A = \{a_1,\ a_2,\ \cdots\cdots,\ a_n\}$）。

步骤2：建立初始直接关系矩阵。

对于系统$A = \{a_1,\ a_2,\ \cdots\cdots,\ a_n\}$，专家被要求评估因素$a_i$对因素$a_j$的直接影响程度，并构建初始直接关系矩阵$M = [m_{ij}]_{n \times n}$，$i,\ j = 1,\ 2,\ \cdots\cdots,\ n$，其中$m_{ij}$表示因素$a_i$对$a_j$的直接影响，$m_{ij} = 0,\ 1,\ 2,\ \cdots\cdots,\ n$。

步骤3：确定专家评分权重并建立加权直接关系矩阵。

基于表3-3中确定的利益相关者影响力结果，将初始直接关系矩阵M转化为加权直接关系矩阵$M' = [m'_{ij}]_{n \times n}$。

步骤4：标准化加权直接关系矩阵。

使用公式（3-7）将加权直接关系矩阵M'标准化，得到标准化直接关系矩阵H：

$$H = \frac{M'}{\max_{1 \le i,\,j \le n}\left\{\sum_{j=1}^{n} m'_{ij}\right\}} \qquad\qquad (3-7)$$

步骤5：创建总体关系矩阵。

使用公式（3-8）计算总体关系矩阵K，反映因素的直接影响和所有间接影响，其中K_{ij}表示因素a_i对a_j的综合影响：

$$K=[K_{ij}]_{n\times n}=\lim_{w\to\infty}(H+H^2+\cdots\cdots+H^w)=H(I-H)^{-1} \qquad （3-8）$$

步骤6：计算中心度和原因度，并进行系统分析。

首先，计算K的行和（r_i）与列和（c_i）（即因素a_{ii}的影响度和被影响度），得到中心度（r_i+c_i）和原因度（r_i-c_i）。然后，进行系统分析。如果$r_i-c_i<0$，则a_i为结果因素；否则，a_i为原因因素。r_i-c_i的值越高，表示a_i对其他因素的影响越大。

（2）绩效影响因素作用路径

1）因素传导模式

本研究采用改进的ISM-DEMATEL方法，分析了PPP项目绩效影响因素的影响路径。

表3-6和表3-7分别为影响因素的邻接矩阵S和可达矩阵Z。

影响因素的邻接矩阵S　　　　　　　　　　表3-6

因素	项目特征	项目环境	利益相关者关系	项目公司能力	项目过程
项目特征	0	0	1	0	1
项目环境	1	0	1	0	1
利益相关者关系	0	0	0	1	1
项目公司能力	0	0	0	0	1
项目过程	0	0	0	0	0

影响因素的可达矩阵Z　　　　　　　　　　表3-7

因素	项目特征	项目环境	利益相关者关系	项目公司能力	项目过程
项目特征	1	0	1	1	1
项目环境	1	1	1	1	1
利益相关者关系	0	0	1	1	1
项目公司能力	0	0	0	1	1
项目过程	0	0	0	0	1

　　基于ISM的结果，本研究建立了一个结构模型来表示各影响因素的层次关系，如图3-3所示。将影响因素划分为五个层级：L1～L5。其中，L1为直接原因层，包含项目过程（B5）；L2、L3和L4为深层原因层，分别包含项目公司能力（B4）、利益相关者关系（B3）和项目特征（B1）；L5为根本原因层，包含项目环境（B2）。共识别出8条包含三个或以上影响因素的路径（P），具体包括：①B1→B3→B4（P1）；②B1→B3→B4→B5（P2）；③B2→B1→B3（P3）；④B2→B3→B4（P4）；⑤B2→B1→B3→B4（P5）；⑥B2→B1→B3→B4→B5（P6）；⑦B2→B3→B4→B5（P7）；⑧B3→B4→B5（P8）。其中，"项目环境→项目特征→利益相关者关系→项目公司能力→项目过程"路径（P6）包含了所有影响因素，是影响PPP项目绩效的关键

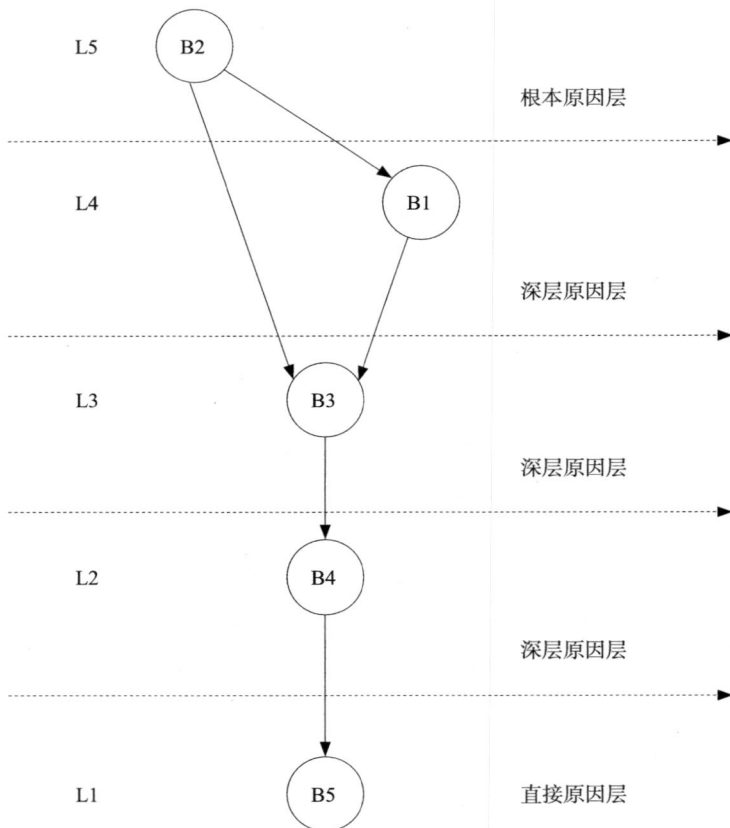

图3-3　影响因素传播路径的结构模型图

路径。这一路径揭示了项目环境作为根本原因，通过影响项目特征和利益相关者关系，进一步作用于项目公司能力，并最终影响项目过程的传导机制。

2）影响因素间因果关系

根据改进的DEMATEL方法，加权直接关系矩阵 M' 见表3-8。图3-4为改进的DEMATEL分析结果。图中各点的中心度表示该因素在系统中的位置，并反映其重要性。根据中心度排名（$r+c$），项目过程（B5）是最重要的因素，其次是利益相关者关系（B3）、项目环境（B2）、项目特征（B1），最后是项目公司能力（B4）。根据原因度（$r-c$），原因因素包括项目特征、项目环境和利益相关者关系，而结果因素包括项目公司能力和项目过程。综合DEMATEL分析结果与ISM分析结果，可以确定项目环境是根本原因因素，项目特征和利益相关者关系是深层原因因素，而项目公司能力是深层结果因素，项目过程是直接结果因素。

如前所述，"合同和协议"并未被归类为三大原因因素（即项目特征、项目环境和利益相关者关系）之一，但被利益相关者视为第二重要的子因素。值得注意的是，它是"项目过程"中的子因素，因此对利益相关者之间的可持续合作具有决定性作用。此外，由于"合同和协议"也受关键传导路径中其他子因素的影响，因此不仅需对其进行有效管理，还需控制其传导链中的前驱子因素。在根本原因因素中，社会支持这一子因素被利益相关者普遍评为重要性最低的因素。这一发现表明，尽管社会支持在PPP项目中具有一定的作用，但其对项目绩效的直接影响相对较弱。因此，在项目管理中，应优先关注那些在传导路径中起关键作用的因素，如"合同和协议"及其相关前驱因素，以确保项目绩效的优化和可持续性。

加权直接关系矩阵 M' 表3-8

因素	项目特征	项目环境	利益相关者关系	项目公司能力	项目过程
项目特征	0	0	3.01	0	2.69
项目环境	2.63	0	2.88	0	2.78
利益相关者关系	0	0	0	2.84	3.12
项目公司能力	0	0	0	0	2.81
项目过程	0	0	0	0	0

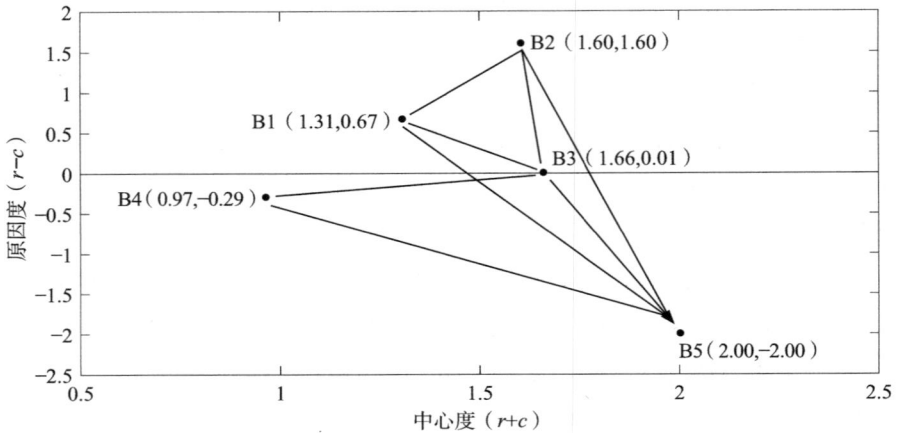

图3-4　改进的DEMATEL分析结果

3.1.5 结论与启示

本研究识别了利益相关者的影响力、影响因素的影响程度及其传导模式。实证研究表明，稳定的政治环境是确保PPP项目最佳绩效的首要条件。此外，公共部门的影响力高于项目公司，这归因于政府的权威性、责任性和专业性。值得注意的是，与"社会支持"相关的因素影响程度最低。可能的原因是中国公众对PPP项目的参与较少，因为当地居民缺乏相关经验。然而，公众参与决策过程对基础设施项目的成功至关重要。因此，中国政府已开始关注在基础设施交付中解决公众利益问题，以确保公共服务质量。

本研究的成果不仅具有理论意义，还具有重要的实践价值，帮助从业者管理PPP项目的全生命周期绩效。首先，本研究识别的五个PPP绩效影响因素可作为从业者制定绩效管理计划的清单。这些因素还反映了不同利益相关者对PPP绩效驱动因素的看法。从业者可以将这一影响因素框架作为基准，建立绩效衡量标准，以控制和优化项目绩效。

其次，本研究量化了影响因素之间的因果关系及其关键传导路径。通过这一分析，从业者可以优先关注那些对PPP绩效具有显著影响的高影响力因素和原因因素。关键传导路径为从业者提供了清晰的视角，以设计业务流程并有效控制项目绩效。实证研究表明，项目环境通过不同因素的组合（如关键传导路径中的影响因素组合）影响PPP绩效。因此，一旦项目环境出现问题，从业者应优先评估下一步因素（项目特征和利益相关者关系）的影响，并预先控制项目公司能力和项目过程，以防止项目进一步恶化。例如，"项目特征"和"利益相关者关系"中影响最大的子因素包括"正确的项目识别"和"承诺与共同目标的一致性"，因此需要预先控制这些因素，以避免多米诺骨牌效应。

最后，从业者可以通过加强利益相关者管理来提升绩效管理。本研究在分析PPP绩效影响因素时考虑了利益相关者群体。由于不同利益相关者之间的利益冲突已成为PPP绩效不佳的主要来源，从业者应识别并协调具有影响力的利益相关者，并主动监督其义务履行情况。

总之，本研究为PPP项目的绩效管理提供了理论框架和实践指导，帮助从业者更好地理解和管理影响项目绩效的关键因素及其传导机制，从而提升项目的整体表现和可持续性。

3.2 基础设施PPP项目动态绩效测度及跨期效应

3.2.1 引言

绩效测度对PPP项目至关重要，它能够从资产提供的服务质量角度决定项目的成功与否。尽管已有研究识别了PPP项目的关键绩效指标（KPIs），但项目在其生命周期不同阶段的绩效之间的相互作用却鲜有研究或量化。由于PPP项目的长期合同安排，确保资产在其整个生命周期内的可持续性具有挑战性。值得注意的是，项目生命周期某一阶段（如合同设计）的绩效管理不当可能引发多米诺骨牌效应，从而对后续阶段（如施工和资产运营）的产出产生不利影响。因此，研究PPP项目绩效在不同阶段之间的连锁效应（即"跨期效应"）具有重要意义。

PPP项目是复杂的建设项目，涉及公共部门和多个私营部门。"理解各利益相关者的潜在权利和影响力是成功项目经理的关键技能"（Bourne & Walker）。利益相关者的影响力越高，其对PPP项目绩效的潜在影响也越大。现有研究识别了关键利益相关者对项目绩效的影响。然而，在PPP项目的绩效测度中，这一关键要素却鲜有涉及。

鉴于现有研究缺乏量化利益相关者影响力以识别过程绩效跨期效应，本研究旨在运用绩效管理和利益相关者理论，开发一种混合方法来评估利益相关者影响力及过程绩效的跨期效应。为此，本研究将回答以下三个问题：①利益相关者对项目绩效的影响力在PPP项目生命周期中如何演变？②关键利益相关者对KPIs的关注点是什么？③不同阶段绩效之间是否存在跨期效应？

为解答上述问题，本研究采用：①社会网络分析（SNA）评估利益相关者影响力的演变；②偏最小二乘结构方程模型（PLS-SEM）验证所提出的绩效测度框架的有效性，并分析过程绩效的跨期效应。

3.2.2 研究设计

1. 研究过程

本研究过程如图3-5所示。首先，开展探索性定性研究以识别关键利益相关者关系及其对项目绩效的影响力。然后，基于文献分析和面向第一阶段识别的利益相关者的访谈，推出关键绩效指标（KPIs）。最后，通过定量研究对所识别的KPIs进行优化。

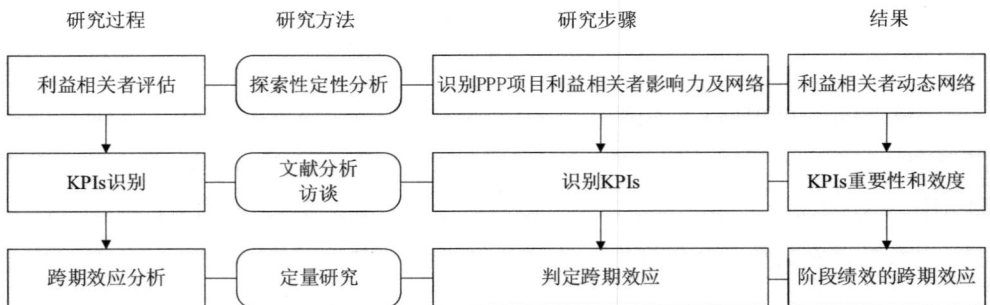

研究过程	研究方法	研究步骤	结果
利益相关者评估	探索性定性分析	识别PPP项目利益相关者影响力及网络	利益相关者动态网络
KPIs识别	文献分析 访谈	识别KPIs	KPIs重要性和效度
跨期效应分析	定量研究	判定跨期效应	阶段绩效的跨期效应

图3-5　研究过程

2. 数据收集

本研究采用半结构化访谈和问卷调查进行数据收集。访谈对象分为13组，包括：①政府监管部门；②政府投资方；③社会资本方；④金融机构；⑤建筑单位；⑥咨询单位；⑦勘察设计单位；⑧监理单位；⑨运营单位；⑩供应商；⑪分包商；⑫社会

公益组织；⑬使用者及周边群众。受访者共20人，均为具有至少五年行业经验的PPP
专业人士。受访者被要求评估他们在PPP项目生命周期中与其他利益相关者的联系情
况，并对识别的KPIs进行评分。本阶段收集的数据分别用于量化利益相关者影响力和
优化过程导向的KPIs。

随后，采用问卷调查确定识别的KPIs的重要性。问卷调查采用滚雪球抽样方法。
滚雪球抽样能够在调查中高效且可靠地识别受访者。共发放550份问卷，回收200份完
整问卷，回收率为36.4%。表3-9报告了受访者的基本信息。

受访者的基本信息（$N = 200$）　　　　　　　　表3-9

受访者	频数	频率
使用者及周边群众	38	19.0%
政府监管部门	16	8.0%
分包商	15	7.5%
建筑单位	14	7.0%
政府投资方	10	5.0%
社会资本方	12	6.0%
金融机构	15	7.5%
监理单位	15	7.5%
咨询单位	20	10.0%
勘察设计单位	15	7.5%
运营单位	10	5.0%
供应商	10	5.0%
社会公益组织	10	5.0%
经验	频数	频率
3~5年	115	57.5%
6~10年	65	32.5%
>10年	20	10.0%

3.2.3　PPP项目绩效测度关键指标识别

　　基于文献分析和专家访谈，识别和确定了39个覆盖PPP项目全生命周期的关键绩效测度指标，将PPP项目划分为立项、招标投标、建设、运营和移交五个阶段，将各关键绩效测度指标与对应阶段相匹配，并实证检验了该绩效测度体系的有效性（表3-10）。

PPP项目全生命周期绩效评价指标　　　　　　　　表3-10

阶段	序号	关键绩效指标
立项	KPI1	可行性研究
	KPI2	融资选择的适宜性
	KPI3	环境分析的全面性
	KPI4	基于绩效的政府支付机制
	KPI5	立项阶段一般公众的支持
	KPI6	正确定义服务需求和期望产出
招标投标	KPI7	社会资本资产管理计划
	KPI8	社会资本全体股东的财务能力
	KPI9	社会资本健全的财务分析
	KPI10	合同文件风险分担的合理性
	KPI11	特许权选择标准的适宜性
	KPI12	最终谈判框架的全面性
	KPI13	特许权期限的适宜性
	KPI14	项目价格调整机制
建设	KPI15	项目进度的按时性
	KPI16	成本在预算范围内
	KPI17	安全管理

续表

阶段	序号	关键绩效指标
建设	KPI18	质量控制
	KPI19	有效地利用资源（材料、设备等）
	KPI20	友好的环境保护
	KPI21	承包商有效的风险管理体系
	KPI22	承包商出众的技术管理能力与技巧
	KPI23	合约管理
	KPI24	承包商界面管理的有效性
	KPI25	建设阶段政府对项目的良好规制和有力监督
运营	KPI26	运营技术的可靠性
	KPI27	运营成本的合理性
	KPI28	项目运营安全指标
	KPI29	政府资金落实率
	KPI30	政府配套设施落实率
	KPI31	公众用户（使用者）的满意度
	KPI32	一般公众/社会满意度
	KPI33	友好的环境保护
	KPI34	定价的合理性
	KPI35	运营阶段政府对项目的良好规制和有力监督
移交	KPI36	技术交接达标度
	KPI37	运营状况达标度
	KPI38	维修担保服务满意度
	KPI39	移交管理

3.2.4 PPP项目过程导向下利益相关者影响力分析

1. 社会网络分析

社会网络分析（SNA）被用于评估过程导向的利益相关者影响力。利益相关者影响力水平的评估分为三个步骤，借鉴了Mok等（2017）的方法。

第一步：计算社会网络中每个利益相关者的SNA三个关键要素（即点中心度、中间中心度和接近中心度）。然后，对这三个中心度值进行归一化处理并取平均值，以避免网络规模的影响，并分别获得中心度指标。

第二步：根据中心度指标值对识别的利益相关者进行优先级排序。

第三步：通过公式（3-1）量化每个利益相关者的影响力水平。

接下来，该过程旨在优先考虑利益相关者对关键绩效指标（KPIs）的关注点。每个KPI的重要性水平通过公式（3-2）进行评估。

2. 利益相关者网络

PPP项目利益相关者在项目实施过程中存在多种作用关系，通过作用关系，利益相关者利用自身的影响力来获取合理的利益诉求。例如，合同关系作为项目关系治理的制度基础，促成利益相关者以合同为纽带进行经济活动，并受合同条款的激励与约束。此外，利益相关者还通过控制不同类型的资源，如物、事、人等，利用职权、信息、绩效等作用关系发挥自身的影响力。结合文献研究和案例分析，本研究将PPP项目利益相关者的作用关系归纳为下述四种关系：①合同关系，是指利益相关者在经济活动中形成的具有法律效力的权利义务关系；②工作关系，是指在项目立项、采购和运营过程中各项工作流程中出现的审批、核准、抽查和报告等关系；③交互关系，是指利益相关者在项目实施过程中的信息交换、沟通协调与前馈反馈等关系；④绩效监督关系，是指利益相关者之间监督职责履行的外部或非正式关系。

本研究提炼了PPP项目全生命周期利益相关者及其关系网络，计算及分析过程同本章3.1节，此处不再赘述。13个利益相关者包括：政府监管部门、政府投资方、社会资本方、咨询单位、勘察设计单位、监理单位、项目公司、供应商、施工总承包商、分包商、金融机构、社会公益组织、使用者及周边群众。PPP项目利益相关者影响力水平见表3-11，利益相关者在不同阶段的关系强度如图3-6所示。

PPP项目各阶段利益相关者影响力   表3-11

优先级	利益相关者	归一化中心度测度			中心度指数	影响水平
		度中心度	中间中心度	接近中心度		
立项阶段						
1	政府监管部门	1.00	1.00	1.00	1.00	0.29
2	政府投资方	0.87	0.13	0.83	0.61	0.21
3	社会资本方	0.87	0.13	0.83	0.61	0.21
4	社会公益组织	0.33	0.43	0.83	0.53	0.14
5	咨询单位	0.80	0.00	0.71	0.50	0.10
招标投标阶段						
1	政府监管部门	0.95	1.00	1.00	0.98	1.00
2	社会资本方	1.00	0.55	0.92	0.82	0.92
3	政府投资方	0.95	0.42	0.86	0.74	0.83
4	金融机构	0.33	0.06	0.71	0.37	0.75
5	咨询单位	0.45	0.00	0.57	0.34	0.67
建设阶段						
1	政府监管部门	0.68	1.00	1.00	0.89	1.00
2	政府投资方	1.00	0.50	0.92	0.81	0.88
3	社会资本方	1.00	0.50	0.92	0.81	0.88
4	施工总承包商	0.66	0.50	0.80	0.65	0.75
5	金融机构	0.55	0.06	0.71	0.44	0.67
运营阶段						
1	政府监管部门	0.68	1.00	1.00	0.89	1.00
2	政府投资方	1.00	0.50	0.92	0.81	0.88
3	社会资本方	1.00	0.50	0.92	0.81	0.88
4	施工总承包商	0.66	0.50	0.80	0.65	0.75
5	金融机构	0.55	0.06	0.71	0.44	0.67

续表

优先级	利益相关者	归一化中心度测度			中心度指数	影响水平
		度中心度	中间中心度	接近中心度		
移交阶段						
1	政府监管部门	0.68	1.00	1.00	0.89	1.00
2	政府投资方	1.00	0.50	0.92	0.81	0.88
3	社会资本方	1.00	0.50	0.92	0.81	0.88
4	施工总承包商	0.66	0.50	0.80	0.65	0.75
5	金融机构	0.55	0.06	0.71	0.44	0.67

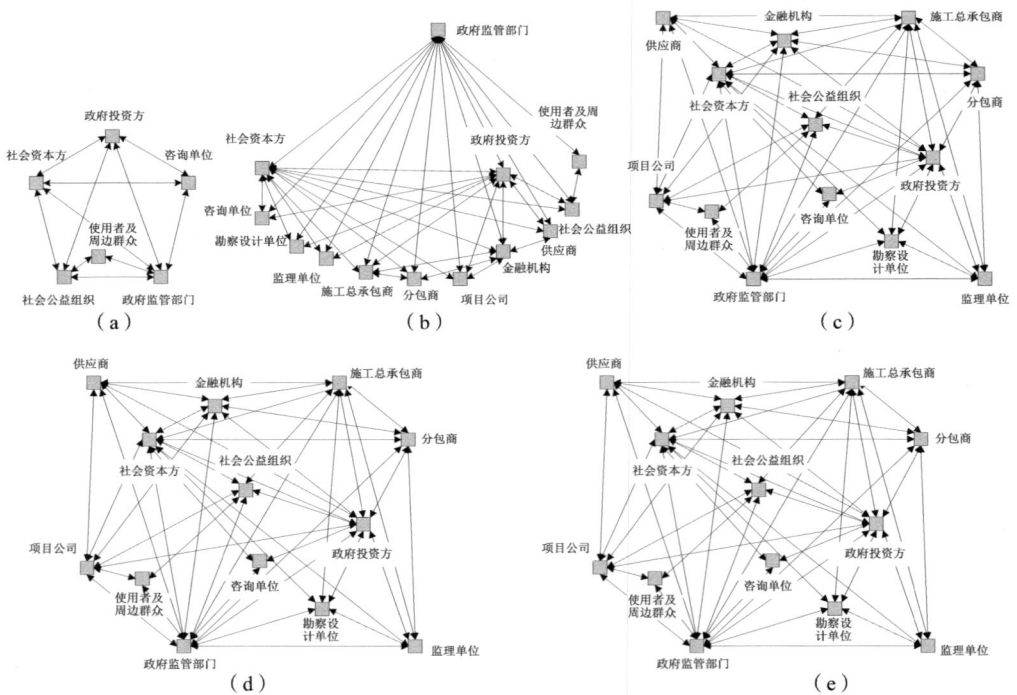

图3-6　PPP项目各阶段利益相关者在不同阶段的关系强度

（a）立项阶段（6，11）；（b）招标投标阶段（13，36）；（c）建设阶段（13，48）；（d）运营阶段（13，48）；（e）移交阶段（13，48）

SNA结果表明，在建设、运营和移交阶段（即合作阶段），网络密度较高，因为在上述阶段中，合作伙伴（尤其是私营联合体中的合作伙伴）之间的沟通频率和合同联系比在立项、招标投标阶段更为频繁。在PPP项目的实施阶段，公共部门和政府投资方与其他利益相关者的联系最紧密，社会资本方也与其他利益相关者保持着高度的联系。

这一发现表明，在PPP项目的实施阶段，公共部门和社会资本方在项目网络中扮演着核心角色，其高密度的互动和合作关系对项目的顺利推进至关重要。相比之下，在项目的初始阶段（如立项阶段），利益相关者之间的联系相对较少，这可能是因为这些阶段的决策和活动更多地集中在少数关键利益相关者之间。

3. 利益相关者影响力

SNA结果还揭示了各利益相关者在PPP项目五个阶段中的优先级和影响力水平。影响力排名前三的利益相关者包括：政府监管部门、政府投资方、社会资本方。中心度指数表明，这三个利益相关者控制并主导了PPP项目中大部分信息传递。这一现象可归因于：①政府监管部门在确定项目目标方面的权威性；②社会资本方在获取关键资源（自主权与控制权）方面的支配力。该发现进一步验证了政府监管部门与社会资本方在PPP项目中的核心地位，其协作效率直接影响到项目信息流和资源配置的有效性。

3.2.5 PPP项目绩效跨期效应

1. 理论框架

本研究首次提出了PPP项目绩效"跨期效应"概念，即上一阶段的绩效会影响后续阶段绩效（图3-7）。跨期效应并不完全指代PPP项目各阶段绩效水平的影响关系，也不反映项目关键绩效测度指标间的作用关系，而是描述项目各阶段关键绩效指标是否影响后续阶段项目的绩效水平，是否具有显著的贡献度来提供评价参考，这符合可持续目标下PPP项目前一阶段绩效对后一阶段绩效的"多米诺骨牌效应"或"传导机制"。

本研究提出假设：PPP项目各阶段KPIs存在显著的跨期效应，即PPP项目KPIs在阶段间存在显著的持续性差异。例如，H_{12}表示假设项目立项阶段绩效对招标投标阶段绩效产生影响。

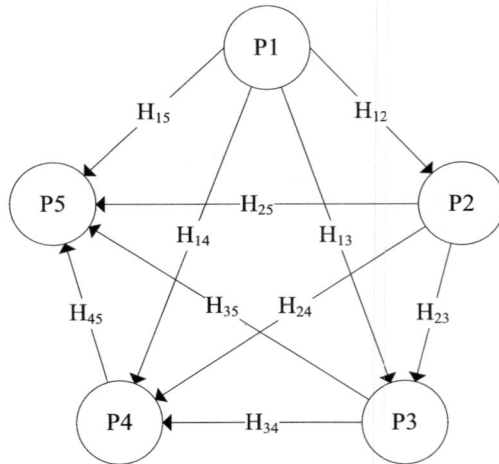

图3-7　PPP项目跨期效应理论模型图

注：H_{ij}表示第i阶段绩效对第j阶段绩效的影响（i = 1, 2, 3, 4；j = 2, 3, 4, 5）；P1 = 立项，P2 = 招标投标，P3 = 建设，P4 = 运营，P5 = 移交。

2. 跨期效应

本研究采用SmartPLS3软件进行偏最小二乘结构方程模型（PLS–SEM）分析。与基于协方差的结构方程模型方法相比，PLS在最大化解释方差方面更具鲁棒性。研究采用两步分析法来检验假设，其中每个KPI的重要性水平通过公式（3–2）计算。第一步：构建测量模型，以验证测量项和构念的信度和效度。第二步：基于结构模型检验假设，并通过路径分析检验过程绩效的跨期效应（TPE）。

（1）构建测量模型

采用PLS–SEM检验构念的测量是否与所构建的KPIs体系一致。通过对提出的KPI模型进行测试，剔除不显著的指标和因子载荷较低（小于0.50）的指标，以优化模型。分析后，K5、K14、K25、K28和K35为因子载荷较低的指标。

（2）构念的信度和效度

表3-12为构念的信度和效度结果。通过计算Cronbach's α值检验内部一致性，所有结果均超过临界值0.7。聚合效度通过指标载荷、组合信度（CR）和平均方差提取量（AVE）进行检验。表3-12显示，每个构念的指标载荷均超过0.5。所有构念的AVE值均超过阈值0.5，CR值范围（0.969 ~ 0.992）也满足大于0.5的要求。区分效度通过

Fornell–Larcker准则和异质—同质（HTMT）相关比进行评估。表3-13显示每个构念的*AVE*平方根均超过其与其他构念的相关性，每个构念的指标载荷均超过其与其他构念的交叉载荷，表3-13中所有构念的*HTMT*值均低于0.85，因此测量模型的信度和效度均得到验证。

构念信度和效度检验结果

表3-12

构念/指标		荷载	Cronbach's α	rho_A	CR	AVE
立项阶段	KPI1	0.954	0.967	0.967	0.974	0.882
	KPI2	0.939				
	KPI3	0.920				
	KPI4	0.947				
	KPI6	0.935				
招标投标阶段	KPI7	0.884	0.963	0.968	0.969	0.819
	KPI8	0.907				
	KPI9	0.889				
	KPI10	0.885				
	KPI11	0.934				
	KPI12	0.900				
	KPI13	0.934				
建设阶段	KPI15	0.945	0.991	0.991	0.992	0.925
	KPI16	0.960				
	KPI17	0.964				
	KPI18	0.964				
	KPI19	0.956				
	KPI20	0.960				
	KPI21	0.962				
	KPI22	0.969				
	KPI23	0.970				
	KPI24	0.966				

续表

构念/指标		荷载	Cronbach's α	rho_A	CR	AVE
运营阶段	KPI26	0.966	0.989	0.990	0.991	0.931
	KPI27	0.964				
	KPI29	0.962				
	KPI30	0.966				
	KPI31	0.974				
	KPI32	0.962				
	KPI33	0.963				
	KPI34	0.964				
移交阶段	KPI36	0.976	0.982	0.983	0.987	0.950
	KPI37	0.972				
	KPI38	0.977				
	KPI39	0.973				

构念相关性、HTMT相关比与AVE平方根　　　　　　表3-13

构念	立项阶段	招标投标阶段	建设阶段	运营阶段	移交阶段
立项阶段	**0.939**	—	—	—	—
招标投标阶段	0.453**（0.464）	**0.905**	—	—	—
建设阶段	0.882**（0.801）	0.539**（0.548）	**0.962**	—	—
运营阶段	0.880**（0.800）	0.534**（0.542）	0.885**（0.794）	**0.965**	—
移交阶段	0.879**（0.802）	0.549**（0.559）	0.879**（0.792）	0.887**（0.804）	**0.975**

注：加粗值是 *AVE*s 的平方根，括号值是 *HTMT* 相关比，**表示相关性在 $p < 0.01$ 水平显著（双尾）。

（3）跨期效应

本研究采用非参数Bootstrap程序检验假设。结构模型显示良好的模型拟合度（ $SRMR = 0.029 < 0.05$ ，$NFI = 0.961 > 0.9$ ）。结果如图3-8所示。P1对P2的影响显著为正（ $\beta = 0.452$ ，$p < 0.001$ ），P2对P3的影响显著为正（ $\beta = 0.176$ ，$p < 0.001$ ），P3

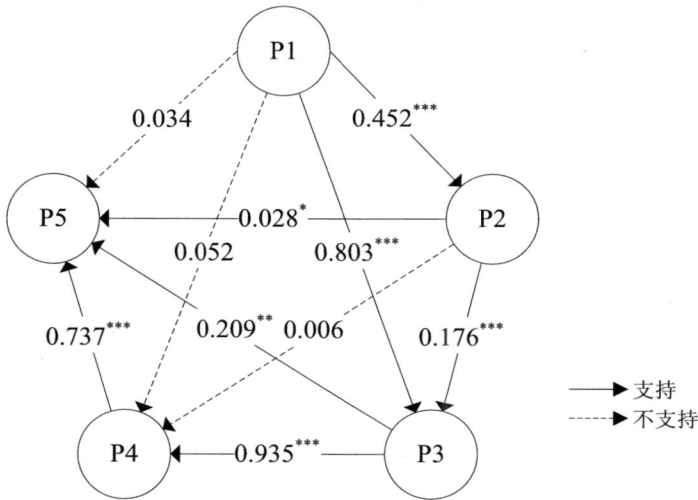

图3-8　PPP项目绩效跨期效应检验结果

注：$^*p<0.05$，$^{**}p<0.01$，$^{***}p<0.001$；P1 = 立项，P2 = 招标投标，P3 = 建设，P4 = 运营，P5 = 移交。

对P4的影响显著为正（$\beta = 0.935$，$p<0.001$），P4对P5的影响显著为正（$\beta = 0.737$，$p<0.001$），支持假设H_{12}、H_{23}、H_{34}和H_{45}。

此外，P1对P3的影响显著为正（$\beta = 0.803$，$p<0.001$），但P1对P4（$\beta = 0.052$，$p>0.05$）和P5（$\beta = 0.034$，$p>0.05$）的影响不显著。因此，H_{13}得到支持，H_{14}和H_{15}被拒绝。P2对P5有显著正向影响（$\beta = 0.028$，$p<0.05$），但对P4的影响不显著（$\beta = 0.006$，$p>0.05$），因此H_{25}得到支持，H_{24}被拒绝。实证证据表明，P3与P5之间存在显著关系（$\beta = 0.209$，$p<0.01$），支持H_{35}。

P3与P4之间以及P4与P5之间的显著关系，与合作伙伴关系阶段（即建设、运营和移交阶段）中利益相关者网络的高密度是一致的。值得注意的是，P3与P4之间的关系最为紧密，这符合现实情况，即建设阶段所建资产的质量对其运营表现至关重要。如前所述，P1与P3相关，这表明项目的立项阶段在决定建设产出质量方面起着重要作用。

总结而言，PPP项目的阶段绩效具有显著的跨期效应；与其他阶段的关键绩效测度指标相比，招标投标阶段和建设阶段的关键绩效测度指标表现出更强的可持续性。

3.2.6　PPP项目绩效测度框架——回溯与学习机制

基于绩效测度体系与利益相关者网络关系，本研究设计了PPP项目全生命周期绩效测度框架（图3-9）。该框架分为五个阶段，各阶段绩效评价活动包括原有里程碑式绩效评价计划，引入对应阶段的关键绩效测度指标，并构建了回溯与学习机制。项目早期阶段（立项、招标投标与建设）内部的各项绩效评价活动，如可行性研究、VFM测算、商业案例回顾、招标投标决定评审等承担了项目实施过程中的绩效控制与管理，引入的各阶段关键绩效测度指标是对当前阶段绩效管理活动的进一步控制与评价。

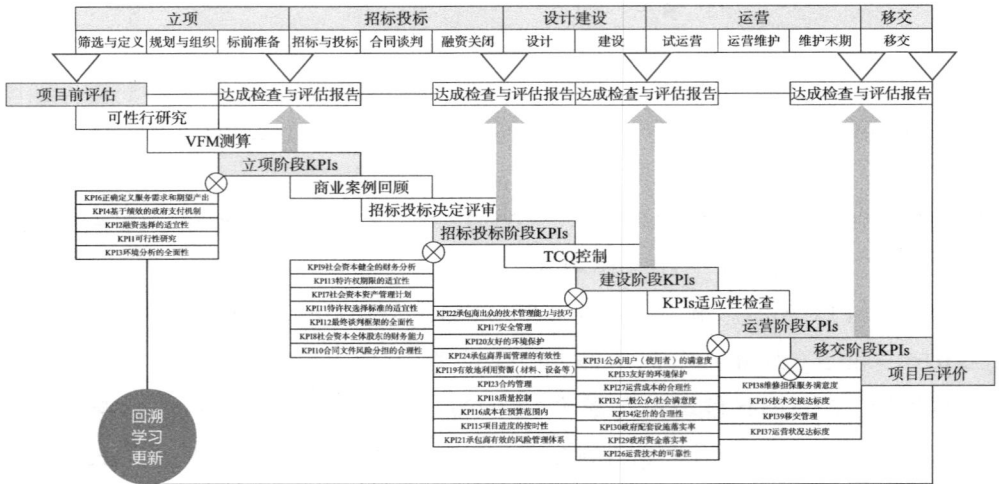

图3-9　PPP项目全生命周期绩效测度框架

以立项阶段为例，在可行性研究和VFM测算完成后，在进入招标投标阶段前，需要对五项指标进行达成度检查与评估，检查优先顺序依次为：是否正确定义服务需求和期望产出、是否触发基于绩效的政府支付机制、初步的融资选择是否适宜、可行性研究是否完整、环境分析是否全面。如果五项指标在达成度检查后评估通过，即视为项目立项阶段绩效评价完成，项目进入招标投标阶段；如果部分指标未达成或评估不通过，则需进一步确认该部分关键绩效测度指标对项目是否具备重大影响，是否有必要补充完成相关评价活动，而后再进入招标投标阶段。同样，建设阶段关键绩效测度指标不仅作为传统过程绩效控制评价的补充，其优先度较高的安全管理、资源使用效率和环境保护等关键绩效测度指标还强化了项目的外部性管理。由此可见，项目早期阶段关键绩效测度指标的达成度检查和评估实现了绩效评价活动的PDCA循环，从广度和深度上对项目早期阶段的绩效评价活动予以了强化和控制。

本研究将PPP项目绩效测度扩展至全生命周期，便于建立学习与回溯机制。图3-9回溯机制是基于各阶段的关键绩效测度指标达成度检查和评估报告，不仅适用于同类型项目的横向比较，也为政府向社会公众透明项目绩效信息提供合适的替代途径。

3.2.7 结论与启示

项目绩效管理和利益相关者管理一直是PPP研究的热门话题。然而，将过程绩效的跨期效应与利益相关者影响这两个研究主题联系起来的研究较少。本研究通过量化利益相关者影响水平的演变来检验跨期效应。研究结果表明，过程绩效表现出显著的跨期效应，且利益相关者的影响在PPP项目的生命周期中会发生变化。本研究的贡献主要体现在两个方面：一是，通过分析过程绩效的跨期效应和利益相关者影响的动态性，为PPP绩效管理提供了新的见解。过程绩效之间的相互关系表明，前期建设活动（如立项）的交付质量对绩效发展和项目交付至关重要。二是，将过程绩效与长期合同安排中利益相关者网络的内在复杂性和外在动态性相结合。研究揭示的跨期效应使PPP项目利益相关者能够更好地理解项目的过程绩效，从而确保在采取必要行动以提高未来绩效时作出明智决策。这有助于改进关键利益相关者管理，而这对提升PPP项目的全生命周期绩效至关重要。

本研究展示了一种以过程和利益相关者为导向的PPP绩效测度方法，并提供了对过程绩效跨期效应的理解；然而，本研究仍存在一些局限性。例如，动态利益相关者网络是通过访谈确定的，但未区分PPP项目的类型。因此，未来的研究应考虑项目类型，构建多维度的利益相关者信息网络。此外，TPE尚未扩展到关键绩效指标（KPI）层面。因此，未来的研究需要探索KPI的关系网络及其与项目过程绩效的相互作用。

4

基础设施PPP项目
动态补贴机制研究

　　在可持续发展目标下的PPP项目补贴应该是符合可持续发展原则的，考虑各参与方利益需求及PPP可持续发展。如何激励优质社会资本参与项目建设运营并提高绩效水平，是实现PPP可持续发展目标的关键问题。本章重点介绍三项关于PPP补贴机制的研究，一是基于绩效测度的充电桩基础设施PPP项目动态补贴机制设计，二是考虑两期质量的交通运输PPP项目补贴和定价研究，三是PPP模式下以提高服务质量及社会福利为目标的私营收费公路社会资本方激励策略研究。

4.1　基于绩效测度的充电桩基础设施PPP项目动态补贴机制设计

4.1.1　引言

　　随着我国"双碳"目标的确定，推动新基建行业发展成为了基础设施建设中的机遇之一。新能源汽车充电桩基础设施服务于电动汽车产业，是实现"双碳"目标与未来经济高质量发展必需的基础设施体系。2015年《电动汽车充电基础设施发展指南（2015—2020年）》明确提出，要通过推广政府和社会资本合作（PPP）模式、加大财政支持力度等措施进一步加快充电桩基础设施产业发展。PPP模式在充电桩基础设施中广泛采用的原因主要有两方面：一是由于充电桩基础设施建设所需的投资巨大，社会资本的参与减轻了政府的财政负担；二是社会资本往往拥有先进的技术，能够更加创新和高效地提供服务，从而提高项目运作效率。然而，社会资本的逐利性使其在参与项目时往往以利润最大化为出发点，较少考虑社会公众的利益，达到的绩效水平通常低于考虑社会整体效益最优的绩效水平。因此，政府在PPP项目执行过程中会给予社会资本一定的补贴。

　　由于新能源汽车充电桩建设仍处于起步与示范阶段，存在建设数量不足、运用不佳、盈利能力不强等问题，仍然需要政府的主导作用，依靠政府补贴缓解这些状况。政府补贴不但能够直接提升充电桩基础设施项目的盈利性，在机制合理的条件下，还能激励运营商努力水平的提升。由于现阶段充电桩基础设施运营管理水平尚处于初级发展阶段，激发运营商的服务意愿和创新动力就更为重要，例如实施精细化管理降低无效站位、建设信息互联互通平台、参与电网调峰辅助、推进与能源供应商一体化运营等多元策略都需要运营商实践探索，进而推动项目绩效和消费者体验的提升。然而，目前充电桩补贴政策的相对滞后，也间接影响了电动汽车充电基础设施的建设。基于此，一些学者针对充电桩基础设施建设中的政府支持与补贴问题开展了研究，主要包括充电桩基础设施的政府支持和PPP项目政府补贴的作用两方面。

对于充电桩基础设施建设的政府支持，部分学者已经从公共政策的角度进行了探索。Serradilla等建立了充电基础设施的商业模型以协助政策决策，并指出对于充电基础设施这一新兴领域，持续的公共财政激励措施十分必要。张勇等提出政府在充电桩建设中需要履行投融资政策制定者和必要的财政补贴扶持者角色，并需要完善补贴机制。将充电桩基础设施与PPP模式结合的研究尚停留于初步阶段。杨彤等强调了财政支出的直接投资、财政补贴及财政收入中的税费减免等都能够为充电基础设施提供良好的财政环境。Yang等针对税收政策，提出了推动充电桩基础设施发展的建议。然而，这些研究主题较为分散，且关注政府补贴的研究多从宏观的定性角度出发，缺乏针对最优补贴计划的计算与分析。因此，本研究建立Stackelberg博弈模型以确定充电桩基础设施的最优补贴计划。

很多学者对于PPP项目中政府补贴的激励作用开展了研究，研究发现PPP项目中的政府补贴能够激励社会资本方参与，并有助于改善项目质量，平衡项目风险，提升参与方满意度。Song等为分析利益相关方参与用户付费PPP的意愿，构建了三方参与的演化博弈模型，认为政府应适当增加对提供优质服务的社会资本的补贴。Feng等通过关系契约研究了公路的最优补贴计划，发现当贴现率足够高、公共资金边际成本足够小时，政府补贴改善质量是可行的。类似地，王璐等发现政府的补贴计划可以激励社会资本方提高建设与运营两期质量。此外，Shi等发现政府补贴政策能够鼓励项目公司的社会效率决策；Yuan等构建了系统动力学模型，实现了通过调整补贴平衡利益相关者满意度。由此可见，政府补贴在激励PPP项目积极发展、提升项目质量上有着积极作用。然而相较于传统基础设施，能够参与充电桩基础设施建设的社会资本方类型更多且运营模式尚不完善，因此政府补贴的激励作用在充电桩基础设施PPP项目中效果如何仍然需要探究。加之充电桩需求量可能随着政策调整产生大幅突变，进而影响项目绩效。因此，本研究考虑了需求量风险突变情况，并将项目绩效视为政府补贴的影响因素之一，以实现通过政府补贴提高社会资本方的生产效率，改善社会福利。

综上，虽然现有研究围绕充电桩基础设施PPP项目中的政府补贴问题取得了一定的研究成果，但政府补贴能否有效地提升充电桩基础设施PPP项目的绩效水平，以及政府补贴受潜在的需求量突变的影响如何，都需要进一步地探究。因此，本研究基于Stackelberg博弈，构建了PPP模式下充电桩基础设施项目公私双方的双层规划补贴模型，并采用逆向归纳法求解，探究政府给予社会资本方的最优补贴计划及其性质。

4.1.2　问题描述及模型构建

1. 问题描述

考虑一个充电桩基础设施PPP项目，社会资本方决定项目的绩效为 $\mu = ke$ ，其中 e 代表社会资本方的努力程度，是一个连续、可观测的变量，其表示社会资本方在运营项目过程的投入，如对运营质量、运营效率、用户满意度等提升作出的努力； k 表示社会资本方自身的能力禀赋或资源水平，假定为一个不随时间变化的固定参数。 $\mu = ke$ 表明只有当社会资本方努力的时候，社会资本方自身的资源能力才将得以体现，否则，当 $e = 0$ 时，即社会资本方不作为，绩效为0。社会资本方的努力成本为 $C(e) = \dfrac{1}{2}ce^2$ ，其中 $c>0$ ，是社会资本方的努力成本系数，该式表明随着努力程度的增加，社会资本方的边际成本递增。

在PPP项目中，特许价格 p 由政府综合考虑市场和社会福利等因素后决定。实际运营过程中充电桩基础设施服务的需求量往往具有不确定性，故本研究假设充电服务的需求量是充电收费价格 p 、努力水平 e 和需求量变动系数 r 的函数，记为 $d(p, e, r)$ 。 $d(p, e, r) = 1 - ap + be + r$ ，其中 a 为充电价格系数，体现充电价格的变动对充电服务需求量的影响大小，通常需求量与价格呈负相关关系，随着价格的上升，需求量减小； b 为努力系数，体现努力水平的变动对充电服务需求量的影响大小，通常需求量与努力水平正相关，社会资本方越努力，市场需求量越大；变动系数 r 反映现阶段除价格和努力水平外其他因素（如风险、政策因素等）对于充电服务市场需求的影响。 r 可为正也可为负，当其他因素综合后对需求量有促进作用时， $r>0$ ；当对需求量有消极作用时， $r<0$ 。现阶段，充电桩基础设施建设并不完善，市场需求量波动大， r 的变化也比较大，因此对 r 进行分析，对于预测需求量、制定贴合实际的补贴政策有重要意义。

根据上述假定，不考虑政府补偿时，社会资本方参与PPP项目的单期利润为：

$$\pi = pd(p) - \frac{1}{2}ce^2 \qquad (4-1)$$

本研究考虑线性补偿设计：通常情况下，政府会设定一个基准绩效水平 μ_0，只有当社会资本方的绩效水平达到基准绩效水平，政府才会对其进行补贴奖励，即单期政府补贴可表示为 $I(\beta) = \beta(\mu - \mu_0)$。本研究为了简化模型，将基准绩效水平 μ_0 设定为0。即单期政府补贴可简化为 $I(\beta) = \beta\mu$，其中 $\beta \geq 0$。政府根据社会资本方付出努力后达到的绩效水平 μ，进行相应的奖励或惩罚，其中 β 为绩效激励系数，旨在激励社会资本方提高项目绩效。

政府资金性补偿来源于税收等公共财政资金，而征收公共资金一般会导致额外的社会成本，即公共财政资金的边际成本（Marginal Cost of Public Funds，MCPF）超过一个单位。设公共财政资金的使用将会导致 ε 单位的额外社会成本，它刻画了PPP项目中公共财政资金补贴的无效性。因此，政府补贴会引发的额外社会成本为 $\varepsilon I(\beta)$，即 $\varepsilon\beta\mu$。由于实践中，充电桩基础设施的高绩效主要来源于便捷的位置、合理的价格、完善的设备维护和运营管理水平，这些都能够为消费者节约成本和时间，假设消费者可以从基础设施项目的高绩效中获得更高的效用 $u(\mu)$，为简便起见，令 $u(\mu) = \lambda\mu$，λ 为消费者效用系数。

在该模型中，社会资本方关注自身利益，追求自身利益的最大化；政府关注整个社会的总福利，即消费者剩余与社会资本方利益之和。假设单期社会资本方利润、消费者剩余及社会福利分别为 π、s 和 W 且政府、消费者、社会资本方均为风险中性，则有 $W = s + \pi$。

2. 模型构建

（1）无政府补贴模型

为探讨政府补贴对社会资本方的激励作用，首先考虑当政府补贴不存在时，社会资本方的决策行为，此模型中社会资本方参与PPP模式下充电桩基础设施项目的利润为：

上层规划： $\displaystyle\max_p W = \lambda ke(1 - ap + r + be) - \frac{1}{2}ce^2$

下层规划：$\max\limits_{e} \pi = p(1-ap+r+be)-\dfrac{1}{2}ce^2$

综上，政府与社会资本方的主从博弈模型表示如下：

上层规划：$\max\limits_{p} W[p,e(p)]$

下层规划：$\max\limits_{e} \pi(e,p)$

作为理性人，社会资本方将会选择使得自身利润最大化的努力水平，因此利用社会资本方的利润对努力水平 e 求一阶导数和二阶导数：

$$\frac{\partial \pi}{\partial e} = pb - ce$$

$$\frac{\partial^2 \pi}{\partial e^2} = -c \leqslant 0$$

二阶导数小于等于0，则社会资本方的利润是 e 的凹函数，因此社会资本方的期望利润在一阶导数等于0时取得最大值，此时的最优努力水平为：

$$e^{\sigma} = \frac{pb}{c} \tag{4-2}$$

由上式可知，在无政府补偿情况下，社会资本方的最优努力水平 e^{σ} 与其特许价格 p、努力系数 b 呈正相关，与社会资本方的努力成本系数 c 呈负相关。

（2）考虑政府补贴的博弈模型

根据上述假定，社会资本方关注自身利益，追求自身利益的最大化，且当政府补贴存在时，社会资本的利润由项目利润和政府补贴两部分组成。因此，社会资本方在PPP模式下运营充电桩基础设施获得的利润为：

$$\pi = \left[pd(p,e,r) - \frac{1}{2}ce^2 \right] + I(\beta) = p(1-ap+r+be) - \frac{1}{2}ce^2 + \beta ke \tag{4-3}$$

由于政府补贴来自税收等公共财政资金，且公共财政资金具有无效性，因此消费者剩余应减去政府补贴 $I(\beta)$ 及转移支付的社会成本 $\varepsilon I(\beta)$，则消费者剩余可表示为：

$$s = [u(x)-p]d(p,e,r) - (\varepsilon+1)I(\beta) = (\lambda ke - p)(1-ap+r+be) - (\varepsilon+1)\beta ke \tag{4-4}$$

政府关注整个社会的福利，追求社会福利的最大化。社会福利为社会资本方利润与消费者剩余之和，可表示为：

$$W = \pi + s = \lambda ke(1 - ap + r + be) - \frac{1}{2}ce^2 - \varepsilon\beta ke \qquad （4-5）$$

PPP模式下充电桩基础设施项目本质上为PPP项目，而在基础设施PPP项目实施过程中，由政府首先制定绩效激励系数 β，社会资本方根据绩效激励系数 β 决定自身的努力水平 e。政府首先作出决策，社会资本方再作出决策。在该博弈中，政府为领导者，首先设计补贴形式以及补贴额度。社会资本方为跟随者，根据政府不同的补偿方案确定其努力水平 e 以实现自身利益的最大化。本研究的研究问题是政府如何设计科学合理的补贴方案，即确定绩效激励系数 β 取值，以激励社会资本方以最优努力水平 e^* 实现自身利润 π 的最大化，并达到社会整体福利 W 的最大化。

综上，政府与社会资本双方的主从博弈模型表示如下：

上层规划：$\max_p W[\beta, e(\beta)]$

下层规划：$\max_e \pi(e, \beta)$

该模型中 β 是上层规划决策变量，即领导者：政府方的决策变量；e 是下层规划决策变量，即跟随者：社会资本方的决策变量；$e(\beta)$ 是下层规划的最优解。该模型求解时先求解下层规划再求解上层规划，$e(\beta)$ 为连接上下层求解的关系式。

4.1.3 模型求解

由前文分析可知，无论政府方采取何种补偿策略，假设社会资本方均会选择实现利润最大化的努力水平，可采用逆向归纳法对模型进行求解。首先，对模型中社会资本方的利润 π 求一阶导数和二阶导数：

$$\frac{\partial \pi}{\partial e} = pb + \beta k - ce$$

$$\frac{\partial^2 \pi}{\partial e^2} = -c \leqslant 0$$

二阶导数小于等于0，社会资本方的利润是 e 的凹函数，因此在一阶条件等于0时取到期望效用最大值，记 e^* 为有政府补偿条件下的最优努力水平，则有：

$$e^* = \frac{pb + \beta k}{c} \qquad\qquad (4-6)$$

将公式（4-6）代入 $W = \lambda ke(1 - p + r + be) - \frac{1}{2}ce^2 - \varepsilon\beta ke$，以消去变量 e，为便于讨论将常数项计作 M_1：

$$M_1 = \frac{1}{c^2}b^3 p^2 \lambda k - \frac{1}{c}\left[\left(ab\lambda k + \frac{1}{2}b^2\right)p^2 - (r+1)bp\lambda k\right]$$

从而问题简化为：

$$\max W = \frac{k^2\left[\lambda kb - \left(\varepsilon + \frac{1}{2}\right)c\right]}{c^2}\beta^2 - \frac{\left\{\left[(ap - r - 1)\lambda k + bp(\varepsilon + 1)\right]c - 2b^2 p\lambda k\right\}k}{c^2}\beta + M_1$$

此时 W 是关于绩效激励系数 β 的二次函数，需要讨论此函数的开口方向。即将 $c = \frac{2k\lambda b}{2\varepsilon + 1}$ 作为讨论分界点，可求得努力水平、绩效激励系数、社会福利水平、社会资本方利润的最优值，见表4-1。

努力水平、绩效激励系数、社会福利水平、社会资本方利润的最优值　表4-1

参数	$c < \dfrac{2\lambda kb}{2\varepsilon + 1}$	$c > \dfrac{2\lambda kb}{2\varepsilon + 1}$
e_s	$\dfrac{k\lambda(ap - r - 1) - bp\varepsilon}{2k\lambda b - (2\varepsilon + 1)c}$	$e_s = \dfrac{pb + \beta_s k}{c}$
β_s	$\dfrac{ak\lambda pc - 2b^2 k\lambda p + bp\varepsilon c + bpc - k\lambda rc - k\lambda c}{k\left[2k\lambda b - (2\varepsilon + 1)c\right]}$	$\beta_s = \begin{cases} 0 & W(0) > W(\beta_{\max}) \\ \beta_{\max} & W(0) < W(\beta_{\max}) \end{cases}$
$W_{\max}$	$\dfrac{\left[-\frac{1}{2}a^2 p^2 + ap(r+1) - \frac{1}{2}(r+1)^2\right]k^2\lambda^2 + \left[bp^2\varepsilon a - b\varepsilon p(r+1)\right]k\lambda - \frac{1}{2}b^2 p^2\varepsilon^2}{2k\lambda b - (2\varepsilon + 1)c}$	$\dfrac{k^2\left[\lambda kb - \left(\varepsilon + \frac{1}{2}\right)c\right]}{c^2}\beta_s^2 - \dfrac{\left\{\left[(ap - r - 1)\lambda k + bp(\varepsilon + 1)\right]c - 2b^2 p\lambda k\right\}k}{c^2}\beta_s + M_1$
$\pi_{\max}$	$p(1 - ap + r + be_s) - \frac{1}{2}ce_s^2 + \beta_s ke_s$	$p(1 - ap + r + be_s) - \frac{1}{2}ce_s^2 + \beta_s ke_s$

4.1.4 敏感性分析

1. $c < \dfrac{2\lambda k b}{2\varepsilon + 1}$ 时敏感性分析

（1）社会资本方最优努力水平 e_s 影响因素分析

特许价格 p 对社会资本方最优努力水平 e_s 的影响：

对最优努力水平 e_s 求特许价格 p 的偏导，有 $\dfrac{\partial e_s}{\partial p} = \dfrac{k\lambda a - b\varepsilon}{2k\lambda b - (2\varepsilon + 1)c}$ ，由此可得到命题1。

命题1 当 $a > \dfrac{b\varepsilon}{k\lambda}$ 时，最优努力水平 e_s 与特许价格 p 呈正相关；当 $a < \dfrac{b\varepsilon}{k\lambda}$ 时，最优努力水平 e_s 与特许价格 p 呈负相关。

当 $a > \dfrac{b\varepsilon}{k\lambda}$ 时，有 $\dfrac{\partial e_s}{\partial p} > 0$，此时社会资本方的最优努力水平 e_s 与特许价格 p 呈正相关关系。这是由于社会资本方努力的边际成本较低时，较高的价格系数 a 导致特许价格 p 的提高对需求有较强的抑制作用，所以社会资本方需通过提高自身的努力水平，以较低的努力成本弥补损失的需求量。相反地，当 $a < \dfrac{b\varepsilon}{k\lambda}$ 时，有 $\dfrac{\partial e_s}{\partial p} < 0$，此时社会资本方的最优努力水平 e_s 与特许价格 p 呈负相关关系。该情况下，社会资本方的努力成本系数 c 和价格系数 a 均较低。此时价格提升不会对充电桩的需求产生较大抑制，社会资本方仍可以通过项目获取较为充足的收益，会选择降低努力水平 e_s 以降低努力成本，追求更高的利润。

（2）变动系数 r 对社会资本方最优努力水平 e_s 的影响

对最优努力水平 e_s 求变动系数 r 的偏导，有 $\dfrac{\partial e_s}{\partial r} = -\dfrac{k\lambda}{2bk\lambda - (2\varepsilon + 1)c} < 0$ ，由此可得命题2。

命题2 社会资本方的最优努力水平 e_s 与变动系数 r 呈负相关关系。

当社会资本方努力成本系数 c 较低时，不确定因素使得变动系数 r 越小，充电桩的需求量减少得越多，社会资本方的最优努力水平 e_s 越会提高。这是因为需求量的突然减小使得社会资本方收益下跌，在努力边际成本低的情况下，社会资本方通过提升努力水平，例如提高产品服务质量和技术水平来提高需求，保证收益。

（3）社会福利最优值 $W_{\max}$ 影响因素分析

1）特许价格 p 对社会福利最优值 $W_{\max}$ 的影响

对 $W_{\max}$ 求 p 的偏导数有 $\dfrac{\partial W_{\max}}{\partial p} = \dfrac{-(k\lambda a - b\varepsilon)^2 p + k\lambda(r+1)(k\lambda a - b\varepsilon)}{2k\lambda b - (2\varepsilon+1)c}$。

令 $\dfrac{\partial W_{\max}}{\partial p} = 0$，可得 $p^* = \dfrac{(r+1)k\lambda}{ak\lambda - b\varepsilon}$，讨论 p^* 的正负，可得命题3。

命题3 当 $a > \dfrac{b\varepsilon}{k\lambda}$ 时，在 $\left(0, \dfrac{(r+1)k\lambda}{ak\lambda - b\varepsilon}\right)$ 的区间内，特许价格 p 与社会福利最优值呈正相关；在 $\left(\dfrac{(r+1)k\lambda}{ak\lambda - b\varepsilon}, \dfrac{1+r+be}{a}\right)$ 的区间内，特许价格 p 与社会福利最优值呈负相关。当 $a < \dfrac{b\varepsilon}{k\lambda}$ 时，最优特许价格 p^* 为负，且社会福利最优值 $W_{\max}$ 在 $\left(0, \dfrac{1+r+be}{a}\right)$ 上随特许价格 p 单调递减。

由需求量 $d(p) = 1 - ap + r + be > 0$ 有 $p < \dfrac{1+r+be}{a}$，且 $\dfrac{\partial W_{\max}}{\partial p}$ 是关于特许价格 p 的一次函数。当 $a > \dfrac{b\varepsilon}{k\lambda}$ 时，一次项系数为 $\dfrac{-(k\lambda a - b\varepsilon)^2}{2k\lambda b - (2\varepsilon+1)c} < 0$。因此，在 $\left(0, \dfrac{(r+1)k\lambda}{ak\lambda - b\varepsilon}\right)$ 的区间内，特许价格 p 越高，社会福利最优值越大；在 $\left(\dfrac{(r+1)k\lambda}{ak\lambda - b\varepsilon}, \dfrac{1+r+be}{a}\right)$ 的区间内，政府制定的特许价格 p 越高，社会福利最优值越小。在 $p^* = \dfrac{(r+1)k\lambda}{ak\lambda - b\varepsilon}$ 时，社会福利的最优值取到最大值0。

该情况下，社会资本方的努力成本系数 c 较小，努力成本较低。由于较低的努力成本即可获得可观的收益，社会资本方在政府和社会资本方博弈情境中占据了优势，并能够通过调节自己的努力水平以谋求社会资本方私人利润最大化，从而使社会福利受到侵蚀。当 $p < \dfrac{(r+1)k\lambda}{ak\lambda - b\varepsilon}$ 时，随着特许价格 p 的提高，社会资本方会提高努力水平缓解需求量降低，社会资本方侵蚀社会福利的能力随之减弱，社会福利得以提升。而当 $p > \dfrac{(r+1)k\lambda}{ak\lambda - b\varepsilon}$ 时，过高的产品价格严重削减了消费者剩余，政府又要为逐渐升高的努力程度支付补贴，对社会福利的侵蚀反而加剧。所以存在一个特许价格 p^* 恰好使得社会福利侵蚀值最小，此时社会福利的最优值为0。

因此，该情况下政府只能通过调整特许价格 p 使得社会福利侵蚀值最小。即在这种情况下，特许价格 p 无法使得社会福利为正，完全基于绩效的补贴调控社会福利的机制失灵，政府需要采取其他补贴模式提高社会福利值。

而当 $a < \dfrac{b\varepsilon}{k\lambda}$ 时，$\dfrac{-(k\lambda a - b\varepsilon)^2}{2k\lambda b - (2\varepsilon+1)c} < 0$ 且 $p^* < 0$。容易判断 $W_{\max}$ 在 $\left(0, \dfrac{1+r+be}{a}\right)$ 上单调递减。该情况下，无论政府如何定价均无法达到社会福利的最优值。此时社会资本方的努力成本系数 c 较小，价格系数 a 较小，升高的产品价格难以提升需求量，社会资本方则能通过提升努力而提升补贴额，侵蚀社会福利。此时政府若想最小化社会福利受到的侵蚀，就需要控制特许价格尽可能低，甚至将其转变为公共产品。

2）变动系数 r 对社会福利最优值 $W_{\max}$ 的影响

对社会福利最优值 $W_{\max}$ 求 r 的偏导，可得下式：

$$\frac{\partial W_{\max}}{\partial r} = \frac{(ap - r - 1)k^2\lambda^2 - k\lambda b \varepsilon p}{2k\lambda b - (2\varepsilon+1)c} \qquad （4-7）$$

令 $\dfrac{\partial W_{\max}}{\partial r} = 0$，解得 $r^* = p\left(a - \dfrac{b\varepsilon}{k\lambda}\right) - 1$。

注意到需求量 $d(p) = 1 - ap + r + be > 0$，从而 $r > ap - 1 - be$，记 $r_{\min} = ap - 1 - be$。由于 $2k\lambda b - (2\varepsilon+1)c > 0$，且 $\dfrac{\partial W_{\max}}{\partial r}$ 是关于变动系数 r 的一次函数，一次项系数 $-\dfrac{k^2\lambda^2}{2k\lambda b - (2\varepsilon+1)c} < 0$，从而得到命题4。

命题4 社会福利最优值 $W_{\max}$ 随着变动系数 r 在 $(r_{\min}, r^*)$ 上递增，在 (r^*, ∞) 上递减，$W_{\max}$ 在 $r = r^*$ 处取到最大值。

此命题说明，当变动系数 r 从 $r_{\min}$ 达到 r^* 时，社会福利损失达到最小；当变动系数 r 大于 r^* 时，社会福利损失逐渐变大。当市场需求变化与 r^* 出现较大差距时，无论是增加还是减少都会使得社会福利产生较大的损失。从而存在最理想的变动系数 r^*，使得社会福利的损害值达到最小。因此政府要努力控制政策与环境，使得需求变化量维持在 r^* 附近，以减少社会福利的损害值。

（4）最优绩效激励系数 β_s 影响因素分析

1）特许价格 p 对最优绩效激励系数 β_s 的影响

对最优绩效激励系数 β_s 求特许价格 p 的偏导，可得下式：

$$\frac{\partial \beta_s}{\partial p} = \frac{k\lambda(ac - 2b^2) + bc(1+\varepsilon)}{2bk\lambda - (2\varepsilon + 1)c} \quad\quad （4-8）$$

令 $\dfrac{\partial \beta_s}{\partial p} = 0$，可得 $c = -\dfrac{2k\lambda b^2}{k\lambda a + b(1+\varepsilon)}$，由此可得命题5。

命题5 当 $\dfrac{2k\lambda b^2}{k\lambda a + b(1+\varepsilon)} < c < \dfrac{2k\lambda b}{2\varepsilon + 1}$ 时，绩效激励系数 β_s 与特许价格p呈正相关；

当 $c < \min\left\{\dfrac{2k\lambda b^2}{k\lambda a + b(1+\varepsilon)}, \dfrac{2k\lambda b}{2\varepsilon + 1}\right\}$ 时，绩效激励系数 β_s 与特许价格p呈负相关。

当 $\dfrac{2k\lambda b^2}{k\lambda a + b(1+\varepsilon)} < c < \dfrac{2k\lambda b}{2\varepsilon + 1}$ 时，有 $2k\lambda b - (2\varepsilon + 1)c > 0$，$k\lambda(ac - 2b^2) + bc(1+\varepsilon) > 0$，

从而 $\dfrac{\partial \beta_s}{\partial p} > 0$。在这种情况下，特许价格$p$和绩效激励系数 β_s 之间存在互补效应。政府如果提升特许价格 p，也应相应地提高绩效激励系数 β_s，给社会资本方更多补贴。因为政府提高特许价格 p 可能会使社会资本方的利益受到损失，例如造成产品需求量 $d(p)$ 降低，从而降低社会资本方的利润。而为了提高社会资本方的积极性和盈利能力，政府需要提高绩效激励系数 β_s，给予社会资本方更多补贴，以保证社会资本方的生存和运转。

类似地，当 $c < \min\left\{\dfrac{2k\lambda b^2}{k\lambda a + b(1+\varepsilon)}, \dfrac{2k\lambda b}{2\varepsilon + 1}\right\}$ 时，同理可得 $\dfrac{\partial \beta_s}{\partial p} < 0$，特许价格$p$与绩效激励系数 β_s 呈负相关关系。在这种情况下，特许价格 p 和绩效激励系数 β_s 之间存在替代效应。社会资本方的努力成本系数 c 较小代表着社会资本方提升努力水平的成本较低，其可以控制自身的努力水平使得私人利润达到最优。政府提高特许价格p已经可以提高社会资本方利润，不需依赖补贴，所以政府可以通过降低绩效激励系数 β_s。即这种情况下社会资本方的主动性较强，需要政府的激励更少。

2）变动系数 r 对最优绩效激励系数 β_s 的影响

对最优绩效激励系数 β_s 求变动系数 r 的偏导，可得下式：

$$\frac{\partial \beta_s}{\partial r} = -\frac{\lambda c}{2bk\lambda - (2\varepsilon + 1)c} \quad\quad （4-9）$$

容易判断 $2k\lambda b - (2\varepsilon + 1)c > 0$，$\lambda c > 0$，因此 $\dfrac{\partial \beta_s}{\partial r} < 0$，由此可得命题6。

命题6 绩效激励系数 β_s 和变动系数 r 之间存在负相关关系。

变动系数衡量的是其他影响因素对需求的影响，变动系数 r 的增大意味着政策、环境等因素导致产品的需求量增大。变动系数的增大带来的是单纯的需求量上升，社会资本方可以借此获得更多利润，所以政府可以降低绩效激励系数 β_s。即当政策、环境有利于该项目的情况下，政府不需要制定过高的绩效激励系数 β_s。

2. $c > \dfrac{2\lambda kb}{2\varepsilon + 1}$ 时敏感性分析

（1）最优绩效激励系数 β_s 影响因素分析

首先，由于此函数二次项系数大于0，本研究需比较两个端点 $W(0)$ 和 $W(\beta_{max})$ 的大小，为了讨论方便，本研究将极值点记为 $\beta_s^\tau = \dfrac{ak\lambda pc - 2b^2k\lambda p + bp\varepsilon c - k\lambda rc - k\lambda c}{k[2k\lambda b - (2\varepsilon + 1)c]}$：

若 $W(0) > W(\beta_{max})$，只需 $\beta_s^\tau - 0 > \beta_{max} - \beta_s^\tau$，即 $\beta_{max} < 2\beta_s^\tau$；若 $W(0) < W(\beta_{max})$，只需

$\beta_s^\tau - 0 < \beta_{max} - \beta_s^\tau$，即 $\beta_{max} > 2\beta_s^\tau$；$\beta_s = \begin{cases} 0, & \beta_{max} < 2\beta_s^\tau \\ \beta_{max}, & \beta_{max} > 2\beta_s^\tau \end{cases}$，从而可得命题7。

命题7 当 $\beta_{max} < 2\beta_s^\tau$ 时，$\beta_s = 0$；当 $\beta_{max} > 2\beta_s^\tau$ 时，$\beta_s = \beta_{max}$。

该情况下，最优绩效激励系数 β_s 受到政府财政约束的影响最大，如果政府制定的最高绩效激励系数 β_{max} 小于 $2\beta_s^\tau$，那么政府应当不向该项目投入补贴，可以使得社会福利的最优值最大；如果政府制定的 β_{max} 大于 $2\beta_s^\tau$，那么政府应当采用 β_{max} 作为最优绩效激励系数 β_s，从而使社会福利最大化。

（2）社会资本方最优努力水平 e_s 影响因素分析

1）特许价格 p 对社会资本方最优努力水平 e_s 的影响

对最优努力水平 e_s 求特许价格 p 的偏导，可得下式：

$$\frac{\partial e_s}{\partial p} = \frac{b}{c} \tag{4-10}$$

容易判断 $\dfrac{\partial e_s}{\partial p} > 0$，因此可得命题8。

命题8 社会资本方的最优努力水平 e_s 与特许价格 p 呈正相关。

这种情况下，尽管努力成本系数 c 较大，但社会资本方通过提升努力水平获得的收益（利润与补贴之和）相较于努力成本，收益更高。因此随着特许价格 p 的升高，社会资本方愿意付出更多的努力以缓解因高价格减少的需求，并提升补贴，从而获得

更多的收益。

2）变动系数 r 对社会资本方最优努力水平 e_s 的影响

$$\frac{\partial e_s}{\partial r} = 0 \qquad\qquad\qquad (4\text{-}11)$$

在这种情况下，社会资本方的最优努力水平 e_s 不受变动系数 r 的影响。即在努力成本系数 c 较大的情况下，外界环境因素的变化所导致的变动系数 r 不改变社会资本方的最优努力水平 e_s。这是因为社会资本方改变努力水平的成本较高，则对外部变化的敏感度降低，加之变动系数受环境、政策影响变化趋势无法预测，所以社会资本方倾向于不改变最优努力水平 e_s。

（3）最优社会福利 W_{max} 影响因素分析

接上文，由于最优社会福利与绩效激励系数有关，因此需根据端点值进行分类讨论。

1）特许价格 p 对最优社会福利的影响

① $\beta_s = 0$

$$W_{max} = M_1 = \frac{1}{c^2}b^3 p^2 \lambda k - \frac{1}{c}\left[\left(ab\lambda k + \frac{1}{2}b^2\right)p^2 - (r+1)bp\lambda k\right]$$

对社会福利最优值 W_{max} 求 p 的偏导有：

$$\frac{\partial W_{max}}{\partial p} = \left(\frac{2b^3 k\lambda}{c^2} - \frac{2ab\lambda k + b^2}{c}\right)p + \frac{(r+1)b\lambda k}{c}, \quad p^* = \frac{(r+1)\lambda c}{(2a\lambda k + b)c - 2b^2 k\lambda}。$$

当 $p < \dfrac{(r+1)\lambda c}{(2a\lambda k + b)c - 2b^2 k\lambda}$ 时，$\dfrac{\partial W_{max}}{\partial p} < 0$；当 $p > \dfrac{(r+1)\lambda c}{(2a\lambda k + b)c - 2b^2 k\lambda}$ 时，$\dfrac{\partial W_{max}}{\partial p} > 0$，由此可得引理1。

引理1 $\beta_s = 0$ 的情形下，当 $p < \dfrac{(r+1)\lambda c}{(2a\lambda k + b)c - 2b^2 k\lambda}$ 时，社会福利最优值在 $\left(0, \dfrac{(r+1)\lambda c}{(2a\lambda k + b)c - 2b^2 k\lambda}\right)$ 随着特许价格 p 的提高而降低；当 $p > \dfrac{(r+1)\lambda c}{(2a\lambda k + b)c - 2b^2 k\lambda}$ 时，社会福利最优值在 $\left(\dfrac{(r+1)\lambda c}{(2a\lambda k + b)c - 2b^2 k\lambda}, \dfrac{1+r+be}{a}\right)$ 随着特许价格 p 的提高而增大。

② $\beta_s = \beta_{max}$

$$W_{\max} = \frac{k^2\left[\lambda kb - \left(\varepsilon + \frac{1}{2}\right)c\right]}{c^2}\beta_{\max}^2 - \frac{\left\{\left[(ap - r - 1)\lambda k + bp(\varepsilon + 1)\right]c - 2b^2 p\lambda k\right\}k}{c^2}\beta_{\max} +$$

$$\frac{1}{c^2}b^3 p^2 \lambda k - \frac{1}{c}\left[\left(ab\lambda k + \frac{1}{2}b^2\right)p^2 - (r+1)bp\lambda k\right]$$

$$\frac{\partial W_{\max}}{\partial p} = \left(\frac{2\lambda k^2 b^2}{c^2} - \frac{\lambda k^2 a + (\varepsilon + 1)kb}{c}\right)p + \frac{\beta k^2 + \lambda k^2(r+1) - 2(\varepsilon + 1)\beta k^2}{c} + \frac{2\beta k^3 \lambda b}{c^2}$$

令 $\dfrac{\partial W_{\max}}{\partial p} = 0$，可得 $p^* = \dfrac{k(2\beta k\lambda b - 2c\beta\varepsilon + c\lambda r - c\beta + c\lambda)}{ca\lambda k - 2b^2 k\lambda + cb\varepsilon + cb}$，同理易得引理2。

引理2 $\beta_s = \beta_{\max}$ 的情形下，当政府在 $(0, p^*)$ 的范围内制定的特许价格越高，社会福利最优值越小；当政府在 $\left(p^*, \dfrac{1+r+be}{a}\right)$ 的范围内制定的特许价格越高，社会福利最优值越大。由此可得命题9。

命题9 社会资本方的努力成本系数 c 较高，无论政府制定的最优绩效激励系数 β_s 是0还是 $\beta_{\max}$，总有特许价格 p^* 使得社会福利达到最小值。

这说明，当特许价格较低时，消费者可以广泛使用充电桩，从而收获了较高水平的消费者剩余，社会资本方收益也因高需求量得到保障；而当特许价格很高时，消费者因高价而难以付费使用，消费者剩余所剩无几，仅能够通过高价获取的利润保障社会福利。从充电桩的实际需求与发展前景来看，在这种情况下政府应该尽力保持较低的特许价格水平。

2）变动系数 r 对最优社会福利的影响

① $\beta_s = 0$

$$W_{\max} = M_1 = \frac{1}{c^2}b^3 p^2 \lambda k - \frac{1}{c}\left[\left(ab\lambda k + \frac{1}{2}b^2\right)p^2 - (r+1)bp\lambda k\right]$$

对社会福利最优值 $W_{\max}$ 求 r 的偏导，有 $\dfrac{\partial W_{\max}}{\partial r} = \dfrac{\lambda kbp}{c} > 0$，由此可得引理3。

引理3 $\beta_s = 0$ 的情形下，社会福利最优值随着变动系数 r 的增大而增大。

$\beta_s = 0$ 代表着政府拒绝为项目提供激励努力水平的补贴，选择不使用公共资金刺激社会资本方的努力程度与绩效。这种情况下变动系数 r 增大意味着环境因素导致需求量增大，充电桩能够为更多使用者服务，社会资本方的收入也能增加，因此社会福利值增大。

② $\beta_s = \beta_{max}$

$$W_{max} = \frac{k^2\left[\lambda kb - \left(\varepsilon + \frac{1}{2}\right)c\right]}{c^2}\beta_{max}^2 - \frac{\left\{\left[(ap - r - 1)\lambda k + bp(\varepsilon + 1)\right]c - 2b^2 p\lambda k\right\}k}{c^2}\beta_{max} +$$

$$\frac{1}{c^2}b^3 p^2 \lambda k - \frac{1}{c}\left[\left(ab\lambda k + \frac{1}{2}b^2\right)p^2 - (r+1)bp\lambda k\right]$$

因 $\dfrac{\partial W_{max}}{\partial r} = \dfrac{\lambda kbp + \beta_{max} k^2 \lambda}{c} > 0$，由此可得引理4。

引理4　$\beta_s = \beta_{max}$ 的情形下，社会福利最优值随着变动系数 r 的增大而增大。

$\beta_s = \beta_{max}$ 代表着政府愿意为项目提供其能提供的最高绩效激励系数。政府竭尽可能为社会资本方提供了补贴，为换取高质量服务公共资金从政府流向了社会资本方，但也产生了公共资金的筹集成本。这种情况代表着相较于公共资金的筹集成本，政府能够通过补贴促进社会资本方的努力水平，进而提升需求量与社会福利。同样地，变动系数 r 增大意味着需求量增大，进而社会福利值增大。

4.1.5　模型拓展：存在约束条件的情形

前文根据社会资本方的努力成本系数 c 分别对政府和社会资本方进行了敏感性分析，所以本章的政府最优补贴方案依然按照社会资本方努力成本系数 c 进行讨论。

1. c 较小时政府最优补贴方案

在社会资本方努力成本系数 c 较低时，分析最优的私人利润和社会福利是否满足约束条件，可分为如下四种情况：

情况1：社会资本方保留效用低，政府财政承受能力高，即 $I(\beta_s) \leqslant I_0, \pi(\beta_s) \geqslant \pi_0$；

情况2：社会资本方保留效用高，政府财政承受能力高，即 $I(\beta_s) \leqslant I_0, \pi(\beta_s) \leqslant \pi_0$；

情况3：社会资本方保留效用低，政府财政承受能力低，即$I(\beta_s) \geq I_0$，$\pi(\beta_s) \geq \pi_0$；

情况4：社会资本方保留效用高，政府财政承受能力低，即$I(\beta_s) \geq I_0$，$\pi(\beta_s) \leq \pi_0$。

上述四种情况反映了政府和社会资本方不同的约束限制。下面对不同情况的政府最优补贴设计进行探讨。

（1）情况1下的最优政府补贴

当$I(0, \beta_s) \leq I_0$，$\pi(0, \beta_s) \geq \pi_0$，政府最优补贴设计为$\beta_s$。

情况1中政府能够通过补贴设计实现社会福利的最高水平，而其余3种情况所实现的最大社会福利均无法达到这一最优水平。在情况1下，政府财政预算存在盈余的同时，社会资本方还能获得高于保留效用的利润，极大地激发了双方的积极性，最好地实现了公私合作的双赢。

针对情况2、情况3和情况4，可以发现最优绩效激励系数β_s并不能同时满足政府财政约束和社会资本方收益约束，因此本研究考虑政府通过增设一个固定补贴额度α，并调节α与β的值使得双方的约束条件均成立，此时政府的决策变量为(α, β)。增加固定补贴额度α后的情况2、情况3和情况4转化如下：

情况2：$I(0, \beta_s) \leq I_0, \pi(0, \beta_s) \leq \pi_0$；

情况3：$I(0, \beta_s) \geq I_0, \pi(0, \beta_s) \geq \pi_0$；

情况4：$I(0, \beta_s) \geq I_0, \pi(0, \beta_s) \leq \pi_0$。

则两个约束条件变化为：

$$I_0^* = \frac{\beta k(bp + \beta k)}{c} + \alpha \leq I_0$$

$$\pi_0^* = p(-ap + r + 1) + \frac{(bp + \beta k)^2}{2c} + \alpha \geq \pi_0$$

为便于求解，将上述不等式分别改写为：

$$\alpha \leq I_0 - \frac{\beta k(bp + \beta k)}{c}$$

$$\alpha \geq \pi_0 - p(-ap + r + 1) - \frac{(bp + \beta k)^2}{2c}$$

$$\alpha \geq 0, \beta \geq 0$$

记 $f(\beta) = I_0 - \dfrac{\beta k(bp + \beta k)}{c}$，$g(\beta) = \pi_0 - p(-ap + r + 1) - \dfrac{(bp + \beta k)^2}{2c}$，则有 $g(\beta) \leqslant$ $\alpha \leqslant f(\beta)$，政府财政约束和社会资本方期望效益约束限制了 α 和 β 的取值，显然只有当上述约束条件能够组成关于 α 和 β 的可行域时，该规划问题才有解。

（2）情况2下的最优政府补贴

当 $I(0, \beta_s) \leqslant I_0, \pi(0, \beta_s) \leqslant \pi_0$ 时，政府财政承受能力可以支持使社会福利达到最高水平的补贴设计，但该补贴设计不能满足社会资本方的利益诉求。此时可以考虑在保持 β_s 不变的情况下，增加固定补贴额度 α，使得社会资本方的个体理性约束条件成立，记 $\alpha_1 = \pi_0 - \pi(0, \beta_s)$，$I(\alpha_1, \beta_s)$ 满足 $I(\alpha_1, \beta_s) \leqslant I_0$，即增大固定补贴 α 至 α_1，若政府财政约束仍满足要求，则可得到新的政府最优补贴设计 (α_1, β_s)。反之，若 $I(\alpha_1, \beta_s) > I_0$，政府财政能力受到限制，则在 (α_1, β_s) 的基础上适当增大 α、缩小 β 使得 $I(\alpha_2, \beta_w) = I_0$，$\pi(\alpha_2, \beta_w) = \pi_0$。

（3）情况3下的最优政府补贴

当 $I(0, \beta_s) \geqslant I_0, \pi(0, \beta_s) \geqslant \pi_0$ 时，政府财政承受能力不足以支持使社会福利达到最高水平的补贴设计 $(0, \beta_s)$，但此时社会资本方已实现自身的利润要求。当 $\beta < \beta_s$ 时，社会福利随着 β 的增大而不断增大，因此为了最大化社会福利，首先考虑不具有绩效激励作用的固定补贴 α 值恒为0时，在财政约束条件下 β 可取的最大值，记 $\beta_i = \max \left[\beta : \dfrac{\beta k(bp + \beta k)}{c} + \alpha \leqslant I_0, \alpha = 0 \right]$。因此，当 $\pi(0, \beta_i)$ 满足 $\pi(0, \beta_i) \geqslant \pi_0$，即缩小 β_s 至 β_i，若社会资本方的个人理性约束仍成立，则可得到新的政府最优补贴设计 $(0, \beta_i)$。

反之，若 $\pi(0, \beta_i) < \pi_0$，社会资本方利润需求无法满足，此时应考虑在 $(0, \beta_s)$ 的基础上适当增大固定补贴额度 α，并为了保证财政约束满足限制条件，适当缩小绩效激励系数 β，最终恰好同时满足政府财政限制和社会资本方利润要求，与情况2中的第二种类型相同，有 $I(\alpha_2, \beta_w) = I_0$，$\pi(\alpha_2, \beta_w) = \pi_0$。

当政府预算较为有限，而社会资本方的保留效用不高时，由于社会效益与PPP项目绩效具有很强的正相关性，政府首先应将有限的财政预算尽可能用来激励社会资本方提高绩效水平，此时，政府财政不存在盈余，而社会资本方获得超额收益；当上述情况不能保证社会资本方合理利润时，应选择降低 β 的同时提高固定补贴 α 使得约束条件同时成立，此时，与情况2中的第2种类型相同，政府财政预算无剩余，社会资本方获得其保留效用。因此，在情况3下，政府的财政支出达到上限，不存在盈余，而社会资本方可能获得超额收益。

与情况1相比，只有变动补贴 β 在情况3下是不可行的，且情况3下的绩效激励系数 β 均小于等于 β_s。当政府预算有限时，财政支出约束在确定最优补贴设计时发挥着重要作用。

（4）情况4下的最优政府补贴

情况4是四种情况中最糟糕的一种，当 $I(0,\beta_s) \geqslant I_0$， $\pi(0,\beta_s) \leqslant \pi_0$ 时，政府财政支出受到较为严格的限制，但社会资本方却要求较高的利润，双方利益诉求在补贴设计 $(0,\beta_s)$ 下均无法被满足。此时应考虑在增大固定补贴额度 α 的同时，适当缩小绩效激励系数 β，以恰好同时满足政府财政限制和社会资本方利润要求为目标，即有 $I(\alpha_2,\beta_i) = I_0$， $\pi(\alpha_2,\beta_i) = \pi_0$，同时取到等号，与情况2中的第2种类型相同。

当 $I(0,\beta_s) \geqslant I_0$， $\pi(0,\beta_s) \leqslant \pi_0$，政府最优补贴设计为 (α_2,β_w)。

其中， $\beta_w = \max[\beta:f(\beta)=g(\beta),\beta \geqslant 0]$， $\alpha_2 = f(\beta_w)=g(\beta_w)$。

情况4不同于 $f(\beta)<g(\beta)$ 恒成立时的无解情况，虽然 $(0,\beta_s)$ 既不满足财政支出约束也不满足保留效用约束，但 $\alpha=f(\beta)$ 和 $\alpha=g(\beta)$ 存在 $\alpha \geqslant 0,\beta \geqslant 0$ 的交点，故情况4下存在最优政府补贴设计，此时与情况2中的第2种类型相同，政府财政预算无剩余，社会资本方获得其保留效用。

2. c 较大时政府最优补贴方案

在社会资本方努力成本系数较大时，本研究在分析最优绩效激励系数时已经考虑了政府的财政能力，所以后续讨论均在满足财政约束的条件下进行。

情况5： $\pi(\beta_s)>\pi_0$；情况6： $\pi(\beta_s) \leqslant \pi_0$。

（1）情况5下的最优政府补贴

无论 $\beta_s=0$ 或 $\beta=\beta_{max}$，此时即为政府的最优补贴模式。这说明在这种情况下政府按照 β_s 进行补贴即可，已经满足了社会资本利润要求和政府的财政约束。尽管社会资本方的努力成本系数较高，但能够实现正常利润。

（2）情况6下的最优政府补贴

若 $\beta_s=0$，则应该增设固定补贴 α，使得 $\alpha=\pi_0-\pi(0)$。在这种情况下，通过调节绩效激励系数 β_s 来提高社会福利失灵，只能通过增设固定补贴来满足社会资本方获得正常利润的要求。

若 $\beta_s = \beta_{\max}$，此时可以适当降低绩效激励系数至 β_a，且增设固定补贴 α，使得 $\alpha \leqslant I_0 - I(\beta_a)$ 且 $\pi(\beta_a) = \pi_0$。若 $\pi(\beta_a) + \alpha = \pi_0$，有 $\alpha > I_0 - I(\beta_a)$，本研究继续降低绩效激励系数至 β_b，增加固定补贴额，使得 $\alpha^* = I_0 - I(\beta_b)$，$\pi(\beta_b) + \alpha^* = \pi_0$。

4.1.6 算例分析

本研究将给出一个简单的算例分析，以便更加直观地了解变动系数 r 和特许价格 p 的影响。表4-2给出了模型中一些参量的具体数值。

模型的一些参量值   表4-2

k	λ	a	b	r	ε
1	0.8	0.4	0.3	−0.3	0.1

1. 变动系数 r 影响分析

（1）r 对 W 的影响

根据上文的讨论，可以计算临界值 $c = \dfrac{2k\lambda b}{2\varepsilon + 1} = 0.4$。

当 $c < 0.4$ 时，$W - r$ 呈二次函数关系，社会福利最优值随着变动系数 r 先增后减；当 $c > 0.4$ 时，$W - r$ 呈线性关系，社会福利最优值随变动系数 r 递增（图4-1）。

（2）r 对 e 的影响

当 $c < 0.4$ 时，社会资本方的最优努力水平 e_s 与变动系数 r 呈负相关；当 $c > 0.4$ 时，社会资本方的最优努力水平 e_s 与变动系数 r 无关（图4-2）。

（3）r 对 β 的影响

当 $c < 0.4$ 时，社会资本方的最优绩效激励系数 β 与变动系数 r 呈负相关；当 $c > 0.4$ 时，社会资本方的最优绩效激励系数 β 与变动系数 r 无关（图4-3）。

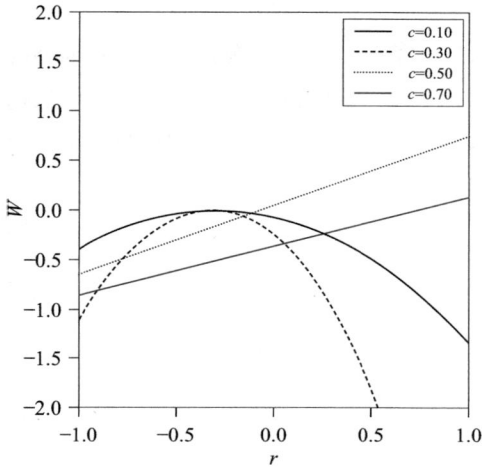

图4-1　不同的 c 下 r 对 W 的影响

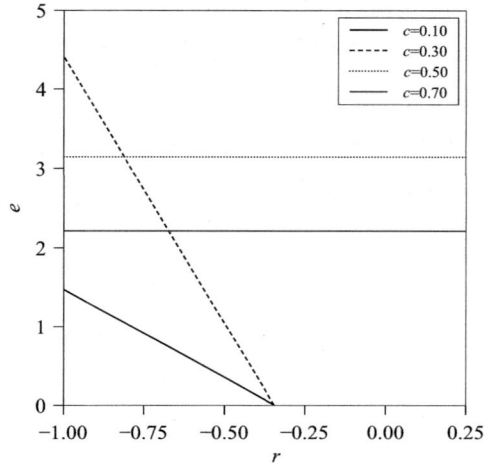

图4-2　不同的 c 下 r 对 e 的影响

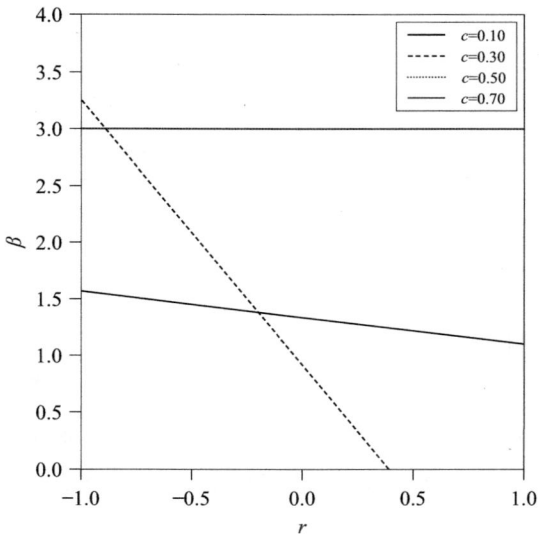

图4-3　不同的 c 下 r 对 β 的影响

2. 特许价格 p 影响分析

（1） p 对 W 的影响

当 $c<0.4$ 且 $\alpha>0.0375$ 时， $W-p$ 的图像是一条开口向下的抛物线，社会福利随着特许价格先增后减；当 $c<0.4$ 且 $\alpha>0.0375$ 时， $W-p$ 的图像是一条开口向下的抛物线的一部分，社会福利随着特许价格递减；当 $c>0.4$ 时， $W-p$ 的图像是一条开口向上的抛物线，社会福利随着特许价格先减后增（图4-4）。

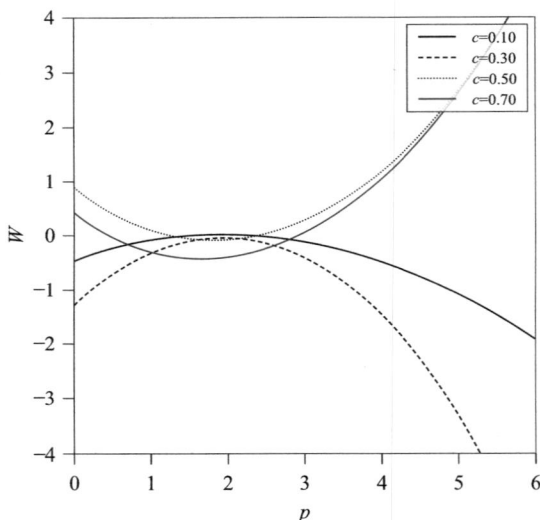

图4-4　不同的 c 下 p 对 W 的影响

（2） p 对 e 的影响

当 $c<0.4$ 且 $\alpha>0.0375$ 时，社会资本方最优努力水平与特许价格呈正相关；当 $c<0.4$ 且 $\alpha<0.0375$ 时，社会资本方最优努力水平与特许价格呈负相关；当 $c>0.4$ 时，社会资本方的最优努力水平与特许价格呈正相关（图4-5）。

（3） p 对 β 的影响

当 $c>0.22$ 时，最优绩效激励系数与特许价格呈负相关；当 $0.22<c<0.4$ 时，最优绩效激励系数与特许价格呈正相关；当 $c>0.4$ 时，最优绩效激励系数与特许价格无关（图4-6）。

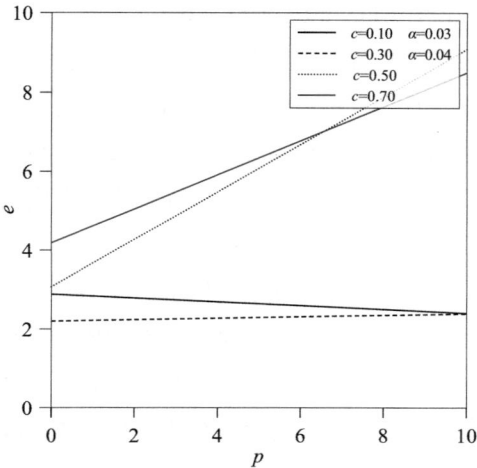

图4-5　不同的c下p对e的影响

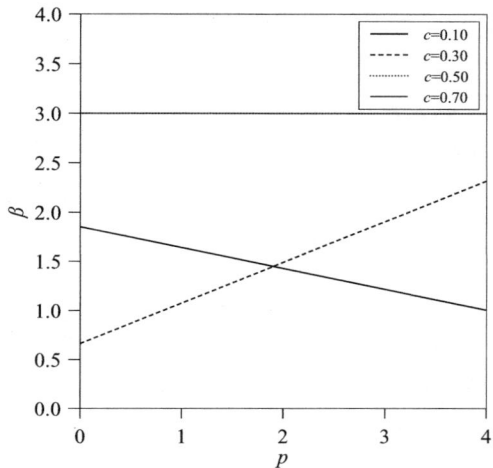

图4-6　不同的c下p对β的影响

4.1.7 结论与启示

本研究构建了PPP模式下充电桩基础设施项目政府与社会资本双方的双层规划补贴模型，探究了在充电桩基础设施项目中政府给予社会资本方的最优补贴计划及其性质。基于模型结果分析了社会整体福利、社会资本方利润、消费者剩余的变化情况，并对政府如何按绩效激励提出建议。结论如下：

（1）政府的最优决策受制于社会资本方的努力成本系数和价格系数，应预先对社会资本方的努力成本系数和产品的价格系数进行预测分析，从而为政策制定提供科学依据。

（2）在社会资本方努力成本系数c较小时，W随r的增大先减后增；e随r的增大递减；β随r的增大递减。在价格系数a较小时W随p增大递减，在价格系数a较高时W随p先增后减；在价格系数a较小时e随p递减，在价格系数a较大时e随p递增。

（3）在社会资本方努力成本系数c较高时，此时的绩效激励系数β为常数，仅受到政府财政约束的影响。e不受到变动系数r的影响，e随特许价格p的增大而增大。W随变动系数r增大而增大。W随特许价格p先减后增。

（4）当存在政府财政约束和社会资本方收益约束时，政府需要加入固定补贴以实现社会福利最大化等目标。

根据研究结果，本研究对充电桩基础设施PPP项目管理提出以下建议。

第一，尽管充电桩建设处于亟待建设的时期，且政府补贴能够明显改善社会资本方最优努力水平和项目绩效水平，但政府应该对社会资本方的技术能力以及市场的需求做调查，从而确定不同社会资本方的努力成本系数和价格系数，分析绩效激励系数和特许价格之间是互补关系还是协同关系，为确定绩效激励系数和特许价格提供依据，从而为改善社会福利作出贡献。

第二，变动系数在一定程度上衡量了充电桩基础设施PPP项目风险的大小。适当的风险变化能够改善社会福利最优值。根据本研究分析，当社会资本方努力成本系数较低时，政府应该综合分析环境因素等可能影响变动系数的因素，分析最有利的变动系数，从而及时干预，使得变动系数尽可能靠近预测的值。当社会资本方努力成本较高时，应该控制能影响变动系数的环境因素，使变动系数越大越好。

第三，当最优补贴计划无法满足政府预算要求或者社会资本方最低利润要求时，政府应考虑对充电桩基础设施PPP项目增加一部分固定补贴，降低绩效激励系数，使之满足约束条件。

本研究也存在一定的局限性。首先，在构建政府与社会资本方博弈模型时，本研究利用诸多假设条件对研究问题进行了简化，比如未考虑额外收益等因素的影响，与现实情况有一定的差距，造成了研究的不足。此外，在PPP项目实际执行过程中，除现金补贴外，还涉及许多其他类型的补贴方式，如合同延期、税收减免等。因此，后续研究可考虑其他类型的补贴方式，探索更贴近现实、更多元化的PPP按绩效补贴模式。

4.2 考虑两期质量的交通运输PPP项目补贴和定价研究

4.2.1 引言

随着PPP模式的不断推广，越来越多的公共交通项目（如高速公路、地铁等）由私营企业参与投资、建设和运营。PPP模式在公共交通领域的大量应用一方面是由于交通运输项目所需的投资巨大，社会资本的参与减轻了政府的预算负担；另一方面，社会资本往往拥有先进的技术，从而能够更加创新和高效地提供服务，提高项目运作效率。然而，部分学者认为PPP模式仍存在一定的局限性，社会资本自身的逐利性使其在参与项目时往往以利润最大化为出发点，较少考虑社会公众的利益，达到的绩效水平通常低于考虑社会整体效益最优的绩效水平。因此，为了将社会资本的利益诉求与社会整体福利诉求相统一，政府应在PPP项目执行过程中给予社会资本一定的补贴，以提高项目的绩效水平，进而提升社会整体福利。

目前已有很多学者针对PPP项目政府补贴问题开展了研究，他们认为政府补贴可以减轻企业巨大的成本压力，是提高PPP项目吸引力的一项重要保障措施。Chen和Subprasom提出政府的建设成本补贴是社会资本在价格管制下实现财务可行性的有效措施。宋波和徐飞等基于需求风险的均衡分担与有效补偿，将涵括部分生产者剩余的社会总福利作为约束条件探究需求变化下的最优分担支付，得到中、高、低三种需求下的政府补贴水平。Tan等以社会福利最大化为目标，构建具有合理偏好的双目标规划模型，探究需求不确定下柔性BOT合同下的政府补贴水平，指出只有当满足特定条件时，政府补贴才会在一定程度上提高社会福利。高颖等针对需求风险，探究在价格上限不变和价格上限可重新设定两种情况下，如何对社会资本进行需求量补偿以实现社会资本收益与消费者剩余提高的双赢局面。Song等利用前景理论和模糊集合理论对公众感知进行量化，并基于系统动力学提出模糊多目标模型来确定垃圾焚烧发电项目最可行的特许期和补贴，最后将模型应用于一个真实的垃圾焚烧项目案例进行验证。Li和Cai通过供需函数探究了需求不定前提下政府收益保证、特许期延长、一次性补贴和单位补贴对社会资本的激励性及有效性，并指出收益保证和特许期延长对社会资本选择道路容量和价格的影响有限，一次性补贴会导致容量更小、价格更高，而动态的单期补贴将会导致更大的容量与更低的价格。Wang等通过构建程式化模型，探究政府补贴对PPP项目特许期、收费价格及交通容量的影响，并指出特许经营期限与政府补贴之间存在替代效应和互补效应，且当政府存在补贴预算约束时，补贴的替代效应会增强。

政府补贴除了能够吸引社会资本参与到PPP项目中，还具有绩效激励作用，这种补贴通常与社会资本的绩效水平挂钩，因此有些研究将其称为基于绩效的补贴。Wang和Pallis使用博弈论设计了港口特许合同的激励机制，其中需要以绩效为基础制定特许权费用来协调港务局和码头运营商的利益，以防止道德风险问题。Harvey提出一种新的激励监管措施，即通过使用现金奖励和罚款而非强制命令来鼓励私营企业提供良好的运营服务，并确保充分的效益转移。Feng等使用关系合同法推导了促进私人收费公路项目运营质量改进的最佳政府补贴计划，并指出当贴现因子足够高，公共资金的边际成本足够低时，政府补贴对提高道路质量是可行的。

虽然一些研究考虑了PPP项目中的政府补贴问题，但缺乏将政府补贴与绩效挂钩，只考虑补贴作为吸引社会资本参与、保证社会资本合理利润的手段，这与财政部《政府和社会资本合作项目财政管理暂行办法》中提到的"项目付费与绩效评价结果挂钩"不相符；另外，虽然少数文献开始探究基于绩效的补贴模式，但只限于运营期的补贴。实际上，政府对建设期和运营期均会给予一定的补偿，若只考虑运营期的补贴可能会忽视建设和运营质量之间的关联，对社会资本的行为产生错误估计，影响政府补贴效果。因此，本研究使用建设期和运营期质量评估社会资本的绩效水平，提出一个基于两期质量的政府补贴方案，并在最优补贴计划的基础上，进一步考虑最优收费价格的制定。

本研究将政府决策视作一个两阶段优化问题，并通过逆向归纳法进行求解。在第一阶段，本研究研究了最优补贴计划下的最优收费价格。确定最优收费一直是以往研究的重点。Yang和Meng研究了私有收费公路嵌入路网情况下，私营运营商的最优收费问题。Tan等，Niu和Zhang通过建立双目标规划问题，确定最优收费决策。在第二阶段，政府在给定的收费价格下设计补贴，政府补贴可以视作一种激励机制，以提高社会资本改善两期质量的努力水平。此外，部分研究开始关注存在政府补贴的最优收费价格问题。与以往研究不同的是，本研究探讨了两期质量激励下的最优收费问题。

本书使用建设期质量和运营期质量评估社会资本的绩效水平，提出一个基于两期质量的政府补贴方案，结构如下：第一，通过构建公私双方Stackelberg博弈模型探究最优补贴计划及其相应性质；第二，将最优补贴计划下的社会资本努力水平及差值与政府补偿不存在时的基准模型、政府规制的最优情况进行比较，探究政府补贴对社会资本的质量激励效果；第三，分析该补贴方式下，社会整体福利、企业利润、消费者剩余的变化情况；第四，基于最优补贴计划得到最优收费价格，并指出当政府决定通行价格时，社会资本最优努力水平和利益相关者有关的讨论依然成立；第五，对理论模型进行数值分析。

4.2.2 问题描述

考虑一个交通运输类PPP项目，特许经营期包括建设期和运营期，交通容量 v 已知，且不会扩容。社会资本在特许经营期内建设和运营交通基础设施，决定相应的努力水平 e_i，并据此实现建设期和运营期质量 q_i，$q_i = e_i + \varepsilon_i$（$i = 1$ 代表建设期；$i = 2$ 代表运营期；下同）。其中，只有建设质量 q_1 和运营质量 q_2 能够被政府观测且可缔约；努力水平 e_i，既不可观测也不能缔约；随机部分 ε_i 服从正态分布 $N(0, \sigma_i^2)$，协方差 $\sigma_{12} = 0$，表明两期质量的随机部分相互独立。社会资本的努力成本 $\psi(e_1, e_2) = \frac{1}{2}(c_1 e_1^2 + c_2 e_2^2) - \delta e_1 e_2$，$\delta^2 < c_1 c_2$。其中，$c_1 > 0$ 和 $c_2 > 0$，分别代表社会资本建设期和运营期的努力成本系数。$\delta > 0$ 表明建设期和运营期的努力水平是相互依赖的，提高社会资本在建设期（运营期）的努力水平将会降低其在运营期（建设期）努力的边际成本：即努力互补问题。本研究构建的努力成本函数与经典的多任务委托代理模型一致，且许多学者将这一投入成本函数运用到多任务业务外包领域，探究任务之间的关联属性（替代或互补）对激励契约的影响。

本研究假设需求函数 d 为线性形式，如公式（4-12）所示，其中 p 表示该交通运输PPP项目在运营期的单次通行全价；d_0 是基础通行需求；q_1 和 q_2 分别代表该交通运输PPP项目的建设期质量和运营期质量，以高速公路为例，建设期质量指竣工验收时的工程质量，衡量指标如国际粗糙度指数和裂缝数等；运营期质量侧重于运营服务质量，包括高速公路养护质量、收费站服务、路段通行服务等管理、技术指标等。建设期和运营期质量的提高都会对需求产生正向作用，即建设期或运营期质量越高，通行需求越大。本研究在以往研究基础上对需求函数作出改进，且与现实相符。

$$d = d_0 - p + q_1 + q_2 \qquad (4\text{-}12)$$

单次通行全价 p 可表示为出行时间 t 和通行费 f 的线性组合，即 $p = f + \theta t$，其中 θ 为使用者的时间价值。参考Tan等、Lu和Meng、Zhang等，通行时间随交通密度 d/v 的增大而增加，本研究假设 t 是 d/v 的线性函数，即 $t = t_0 + \mu d/v$，t_0 为基础通行时间，μ 为系数，表示单位交通密度变化所引起的通行时间的变化。将上式代入公式（4-12）中，则有 $d = d_0 - f - \theta(t_0 + \mu d/v) + e_1 + e_2 + \varepsilon_1 + \varepsilon_2$，整理得到 $d = \frac{v}{v + \theta\mu}(d_0 - \theta t_0 - f + e_1 + e_2 + \varepsilon_1 + \varepsilon_2)$。便于后文分析，将常数 $d_0 - \theta t_0$ 记为 $\hat{d}$，

$\dfrac{v}{v+\theta\mu}$ 记为 τ，$\tau\in(0,1)$。$\hat{\varepsilon}=\varepsilon_1+\varepsilon_2$ 且 $\hat{\varepsilon}\sim N(0,\sigma^2)$，$\sigma^2=\sigma_1^{\,2}+\sigma_2^{\,2}$。可得表达式：

$$d=\tau(\hat{d}-f+e_1+e_2+\hat{\varepsilon}) \tag{4-13}$$

对于两期可观察的质量，政府向社会资本提供一份线性补贴合同：$t=\alpha+\beta_1q_1+\beta_2q_2$。其中，$\alpha$ 为固定补贴，β_1、β_2 分别为建设期和运营期的质量激励系数，旨在激励社会资本提高项目绩效。在下文中，政府补贴计划记为（α,β_1,β_2）。作为公共采购文献的标准假设，本研究假设政府补贴来自税收等公共财政资金，而征收公共资金一般会导致额外的社会成本，即公共财政资金的边际成本（Marginal Cost of Public Funds，MCPF）超过一个单位。本研究用 λ 衡量政府经济干预的成本，这意味着政府向企业每转移一单位补贴会对社会造成（$1+\lambda$）单位的成本。欧阳华生等通过动态CGE模型估算我国税收筹措的公共资金的边际成本为1.202～1.393，Palma认为交通等基础设施项目中公共财政资金的边际成本的均值范围为1.2～1.5。不失一般性，本研究在讨论过程中限定 λ 的范围为 $[0,1]$。

在该模型中，社会资本方关注自身利益，追求自身利益的最大化；政府关注的是整个社会的总福利，即消费者剩余与企业利润之和。假设社会资本利润、消费者剩余及社会福利分别为 π、s 和 w，且政府、消费者、社会资本方均为风险中性，则有 $w=\pi+s$。

本研究首先考虑政府在给定的收费价格下设计补贴计划，公私双方博弈的时间线如图4-7所示。第一，政府提供补贴计划，补贴由三部分组成：其中 α 为固定补贴，β_1、β_2 分别为建设期和运营期的质量激励系数，旨在激励社会资本提高项目绩效。第二，社会资本决定接受或拒绝该补贴计划。如果社会资本接受，那么PPP合同生效，项目进入建设阶段。第三，社会资本决定其建设期和运营期的努力程度。第四，社会资本在建设和运营阶段分别发挥其努力水平，并实现相应的建设和运营质量。第五，政府根据建设期和运营期质量向社会资本支付补贴。

基于上述假设和定义，当政府补贴存在时，社会资本的利润由两部分组成：项目利润和政府补贴。因此，社会资本的预期利润表示为：

$$E\pi=fEd-\frac{1}{2}(c_1e_1^2+c_2e_2^2-\delta e_1e_2)+(\alpha+\beta_1e_1+\beta_2e_2) \tag{4-14}$$

参考Tan等，Tan和Yang，Zhang等和Li等对消费者剩余的计算方法，对于该确定

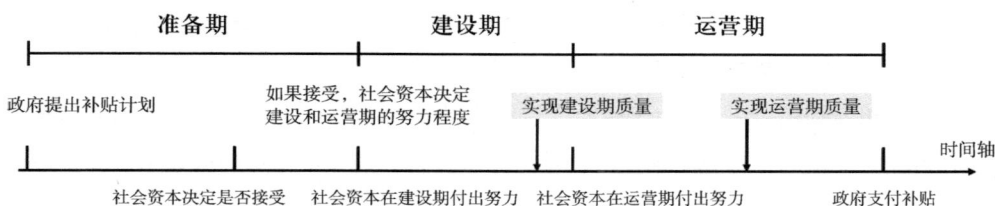

图4-7　时间线

性价格需求曲线，消费者剩余可定义为用户支付意愿与广义收费价格之差，即由广义价格与需求曲线之间的面积表示。用户使用项目的广义价格 $\gamma = f + \theta t - e_1 - e_2$，只有当用户的支付意愿超过总成本 γ 时，用户愿意使用该项目。由于需求 $d = \hat{d} - \gamma + \hat{\varepsilon}$，对于任意 $\hat{\varepsilon}$，用户愿意支付的最高使用价格为 $\gamma + \hat{\varepsilon}$，最低价格为 $\gamma - \hat{\varepsilon}$。因此，消费者剩余应为：

$$\int_{\gamma}^{\hat{d}+\hat{\varepsilon}} (\hat{d} - x + \hat{\varepsilon}) \mathrm{d}x = \frac{1}{2} d^2 \qquad （4-15）$$

因此，期望消费者剩余为 $\frac{1}{2} E d^2$。将 $d = \tau(\hat{d} - f + e_1 + e_2 + \hat{\varepsilon})$ 代入并化简，则有 $\frac{1}{2} E d^2 = \frac{1}{2} \tau^2 [(\hat{d} - f + e_1 + e_2)^2 + \sigma^2]$。另外，由于政府补贴来自税收等公共财政资金，总期望消费者剩余 Es 等于上述消费者剩余减去政府补贴 $E(\alpha + \beta_1 q_1 + \beta_2 q_2)$ 及转移支付的社会成本 $\lambda E(\alpha + \beta_1 q_1 + \beta_2 q_2)$，即：

$$Es = \frac{1}{2} \tau^2 [(\hat{d} - f + e_1 + e_2)^2 + \sigma^2] - (\lambda + 1)(\alpha + \beta_1 e_1 + \beta_2 e_2) \qquad （4-16）$$

社会总福利为企业利润与消费者剩余之和，有：

$$Ew = fEd - \frac{1}{2}(c_1 e_1^2 + c_2 e_2^2 - \delta e_1 e_2) + \frac{1}{2} \tau^2 [(\hat{d} - f + e_1 + e_2)^2 + \sigma^2] - \lambda(\alpha + \beta_1 e_1 + \beta_2 e_2) \qquad （4-17）$$

如前所述，政府决定补贴计划（α, β_1, β_2）以最大化社会福利 Ew，而社会资本决定建设期和运营期的努力水平 e_i 最大化期望利润 $E\pi$。下文给出政府在设计补贴机制时面临的约束条件。

参与约束（IR）：为了保证社会资本积极参与PPP项目中，政府应该保证社会资本从项目中获得的期望效用不低于其保留效用 π_0。

激励相容约束（IC）：由于政府无法获得社会资本方真实努力程度的私人信息，因此当政府提供的补贴方案确定时，社会资本方将会选择使自身期望效用最大的最优努力水平 e_i。

综上，政府与社会资本双方博弈问题可表示为如下优化问题：

$$\max_{\alpha,\beta_1,\beta_2} Ew$$

$$s.t.$$

（IR） $\qquad\qquad\qquad E\pi \geqslant \pi_0$ $\qquad\qquad$ （4-18）

（IC） $\qquad\qquad\qquad \max_{e_i} E\pi$

4.2.3 固定价格下的政府补贴计划

为探究政府补贴对社会资本的质量激励作用，本研究考虑三种情形：第一，基准模型，即当政府补偿不存在时，社会资本方自主决定努力水平的情况；第二，考虑当政府能观察到社会资本努力水平时，政府为使社会福利最大化对企业进行直接规制的情形，将此称为最优情况（First Best）；第三，考虑存在道德风险（即政府无法观察社会资本努力水平）时，政府的补贴激励及社会资本的决策行为，将此称为次优情况（Second Best）。下文将分别使用NO、FB、SB作为上标以区分三种情况下社会资本的最优努力水平，及相应的企业利润、消费者剩余和社会福利。

1. 基准模型（NO）

首先考虑基准模型，即当政府补偿不存在时，社会资本方的决策行为。此时，社会资本参与交通运输PPP项目的期望利润为：

$$E\pi = fEd - \frac{1}{2}(c_1 e_1^2 + c_2 e_2^2) + \delta e_1 e_2 \qquad\qquad （4-19）$$

社会资本选择使自身利益最大化的努力水平，对模型中社会资本方的期望效用求一阶条件，则有：

$$\frac{\partial E\pi}{\partial e_i} = f\tau - c_i e_i + \delta e_j \quad (4\text{-}20)$$

一阶条件等于0时取最大值，联立方程求解出无政府补偿条件下建设期和运营期的最优努力水平，记作 e_i^{NO}：

$$e_i^{\mathrm{NO}} = \frac{(c_j + \delta)f\tau}{c_i c_j - \delta^2} \quad (4\text{-}21)$$

2. 政府规制（FB）

当政府能够观察到社会资本努力水平时，政府会直接规定企业在建设期和运营期的努力水平，无需通过补贴来激励企业行为。因此，问题可简化为政府决定企业最优努力水平 e_i 以实现社会福利最大化：

$$\max_{e_1, e_2} Ew = fEd - \frac{1}{2}(c_1 e_1^2 + c_2 e_2^2 - \delta e_1 e_2) + \frac{1}{2}\tau^2[(\hat{d} - f + e_1 + e_2)^2 + \sigma^2] \quad (4\text{-}22)$$

一阶条件为：

$$\frac{\partial Ew}{\partial e_i} = (\hat{d} + e_i + e_j - f)\tau^2 - c_i e_i + \delta e_j + f\tau \quad (4\text{-}23)$$

一阶条件等于0时取最大值，联立方程求解可得政府规制情况下建设期和运营期的最优努力水平，记作 e_i^{FB}：

$$e_i^{\mathrm{FB}} = \frac{\tau(c_j + \delta)(\hat{d}\tau + f - f\tau)}{c_i c_j - \delta^2 - c_i \tau^2 - c_j \tau^2 - 2\delta\tau^2} \quad (4\text{-}24)$$

不失一般性，$e_i^{\mathrm{FB}} > 0$，因此本研究仅考虑当 $c_i c_j - \delta^2 - c_i \tau^2 - c_j \tau^2 - 2\delta\tau^2 > 0$ 时的情况，由于 $\tau \in (0,1)$，本研究假设 $c_i c_j - \delta^2 - c_i - c_j - 2\delta > 0$ 恒成立。

3. 政府补贴（SB）

在PPP项目实际执行过程中，政府无法观测到社会资本的真实努力水平，故需要通过补贴来激励企业提高努力水平，进而提升社会整体福利水平。如前文分析所述，无论政府采取何种补贴计划，社会资本都会选择实现自身期望效用最大化的努力水平，故采用逆向归纳法对模型进行求解。激励相容约束（IR）可表示为：

$$\beta_i = c_i e_i - \delta e_j - f\tau \tag{4-25}$$

联立方程，则：

$$e_i = \frac{c_j \beta_i + \beta_j \delta + c_j f\tau + \delta f\tau}{c_1 c_2 - \delta^2} \tag{4-26}$$

因此，政府问题可转换为选择补贴方案（α, β_1, β_2）解决如下优化问题：

$$\max_{\alpha, \beta_1, \beta_2} Ew$$

$$s.t. \tag{4-27}$$

（IR）
$$E\pi \geq \pi_0$$

（IC）
$$e_i = \frac{c_j \beta_i + \beta_j \delta + c_j f\tau + \delta f\tau}{c_1 c_2 - \delta^2}$$

在最优情况下，IR约束取到等号，可以替换 α 和 (e_1, e_2) 获得无约束问题，先求解最优 β_1 和 β_2，并将其代入 α 和 (e_1, e_2)，得到命题1。

命题1 当政府无法观察社会资本努力水平时，政府提供的最优补贴计划记为（α, β_1, β_2），社会资本的决策行为满足如下条件：

$$\beta_1 = \tau^2 \frac{c_1 c_2 \hat{d} - c_1 c_2 f + f\delta^2 - \hat{d}\delta^2 + c_1 f\tau + c_2 f\tau + 2\delta f\tau}{c_1 c_2 - \delta^2 - c_1 \tau^2 - c_2 \tau^2 - 2\delta \tau^2 + c_1 c_2 \lambda - \delta^2 \lambda} \tag{4-28}$$

$$\beta_2 = \tau^2 \frac{c_1 c_2 \hat{d} - c_1 c_2 f + f\delta^2 - \hat{d}\delta^2 + c_1 f\tau + c_2 f\tau + 2\delta f\tau}{c_1 c_2 - \delta^2 - c_1 \tau^2 - c_2 \tau^2 - 2\delta \tau^2 + c_1 c_2 \lambda - \delta^2 \lambda} \tag{4-29}$$

$$\alpha = \pi_0 - \pi(0, \beta_1, \beta_2) \tag{4-30}$$

$$e_1^{SB} = \frac{\tau(c_2 + \delta)(\hat{d}\tau + f + f\lambda - f\tau)}{c_1 c_2 - \delta^2 - c_1 \tau^2 - c_2 \tau^2 - 2\delta \tau^2 + c_1 c_2 \lambda - \delta^2 \lambda} \tag{4-31}$$

$$e_2^{SB} = \frac{\tau(c_1 + \delta)(\hat{d}\tau + f + f\lambda - f\tau)}{c_1 c_2 - \delta^2 - c_1 \tau^2 - c_2 \tau^2 - 2\delta \tau^2 + c_1 c_2 \lambda - \delta^2 \lambda} \tag{4-32}$$

推论1 政府提供的最优激励强度具有如下性质：（a）建设期和运营期质量的激励

强度相同；（b）记 $\beta = \beta_1 = \beta_2$，最优激励强度 β 随互补效应 δ 的增加而增加，随着公共财政资金的边际成本 λ、两期努力成本系数 c_1 和 c_2 的增加而减小。

对 β 分别求关于 δ、λ、c_1 和 c_2 的一阶条件可得：$\dfrac{\partial \beta}{\partial \delta} > 0$，$\dfrac{\partial \beta}{\partial \lambda} < 0$，$\dfrac{\partial \beta}{\partial c_1} < 0$，

$\dfrac{\partial \beta}{\partial c_2} < 0$。

推论1（a）说明政府在制定最优补贴计划时，无论建设期和运营期的努力成本系数差距如何，其对建设期质量和运营期质量的激励强度并无差别。进一步分析可知，激励强度只与两期质量对消费者剩余的贡献有关，而与努力水平的成本系数无关。因此，政府在考虑社会整体福利时，应重点关注质量提升带来的正面效应，忽视努力成本，赋予两期相同的激励强度。对社会资本而言，在给定的激励水平下，社会资本的自利性会使其统筹分析成本和效益，并对努力水平进行合理分配，实现社会效益的最大化。

推论1（b）表明：①当边际成本 λ 越大时，即转移支付给社会福利造成的额外损失越大，政府越倾向于减少激励强度。②当互补效应越大时，激励强度 β 也将越大。具体而言，建设期和运营期努力水平的互补效应越强，政府越有动机采取高激励强度的补贴计划。③由于两期激励强度相同，不同于努力替代的情形，在努力互补情况下，β 随 c_1 和 c_2 的增加均减小，即建设期（运营期）努力成本的增加也会造成运营期（建设期）激励强度的减小。

推论2 在政府最优补贴计划下，社会资本努力水平满足如下性质：（a）社会资本最优努力水平 $e_i^{\text{SB}}(\beta_i, \beta_j)$，是激励强度 β_i 和 β_j 的增函数，且当其他条件相同时，e_i^{SB} 的大小与 c_j 而非 c_i 关系更强；（b）社会资本最优努力水平 e_i^{SB} 随互补效应 δ 的增加而增加，随着公共财政资金的边际成本 λ、两期努力成本系数 c_1 和 c_2 的增加而减小。

对 e_i^{SB} 分别求关于 δ、λ、c_1 和 c_2 的一阶条件可得：$\dfrac{\partial e_i^{\text{SB}}}{\partial \delta} > 0$，$\dfrac{\partial e_i^{\text{SB}}}{\partial \lambda} < 0$，

$\dfrac{\partial e_i^{\text{SB}}}{\partial c_1} < 0$，$\dfrac{\partial e_i^{\text{SB}}}{\partial c_2} < 0$。

推论2（a）表明，政府无论在建设期或运营期提供更强有力的激励措施，社会资本都会加大其在两期质量改进方面的努力。直观地说，社会资本的努力提高了预期的服务质量，从而增加了政府的补贴。因此，如果政府为社会资本提供了较高的 β_1 和 β_2，质量改进带来的收益能够补偿社会资本的努力成本。另外，与直觉相符，当

努力成本系数 c_i 很大时，对应的最优努力水平 e_i^{SB} 将会变小。然而，当其他条件不变时，e_i^{SB} 与 c_j 呈正相关，且满足等式：

$$\frac{e_1^{SB}}{e_2^{SB}} = \frac{c_2 + \delta}{c_1 + \delta} \qquad (4\text{--}33)$$

推论2（b）可视为推论1和推论2（a）的复合作用。推论2（b）的结果指出：①当边际成本 λ 越大时，推论1已经指出政府往往会减少激励强度，因此社会资本也将降低自身努力水平。②当互补效应增强时，两期努力水平都将提升。具体而言，建设期和运营期努力水平的互补效应越强，社会资本的两期努力水平将越高。③不同于努力替代情形，在努力互补情况下，e_i^{SB} 随 c_1 和 c_2 的增加均减小，即建设期（运营期）努力成本的增加也会造成运营期（建设期）努力水平的降低。

推论3 当通行费给定时：（a）收费价格与激励强度具有替代效应，即最优激励强度 β 随收费价格 f 的提高而减小；（b）社会资本最优努力水平 e_i^{SB} 随收费价格 f 的提高而提高。

对 β 和 e_i^{SB} 分别求关于 f 的一阶条件可得：$\dfrac{\partial \beta}{\partial f} < 0$，$\dfrac{\partial e_i^{SB}}{\partial f} > 0$。

推论3（a）说明最优激励强度是收费价格的减函数，本研究称之为收费价格与激励强度之间的替代效应。当通行费定价较高时，激励强度可以相对较低。这是由于提高通行费在一定程度上提高了社会资本的利润水平，保证了社会资本的参与，政府无需提供较高的补贴水平；另外，根据推论3（b），当收费价格越高时，社会资本投入的两期努力水平越高，因此努力水平提高带来的需求量的提升也能够增加社会资本所获得的利润，推论3（b）进一步验证了收费价格与补贴之间的替代效应。因此，当政府补贴预算有限时，为了达到激励社会资本方提高努力水平的目的，政府可选择提高通行费以节省补贴资金。而当通行费较低时，为保证社会资本参与，政府需提高补贴额度，激励强度的提升能够刺激社会资本提高努力水平，进而提升整体社会福利。

4. 比较分析

为探究政府补贴对社会资本的质量激励作用，下文将对三种情形下的努力水平及相应差值进行比较分析。

命题2 $e_i^{FB} \geqslant e_i^{SB} > e_i^{NO}$，当 $\lambda = 0$ 时取到等号。

命题2的结果指出：①当 $\lambda = 0$ 时，即转移补贴不存在额外成本时，即使存在道德风险，政府仍然可以通过最优补贴计划实现社会效益最优（first best）。此时，政府补贴仅是从消费者向社会资本的转移支付，不存在社会成本。②当 $\lambda > 0$ 时，政府通过补贴激励达到的社会资本努力水平始终小于最优情况下的努力水平。也即是说，由于公共资金边际成本和道德风险的共同作用，政府无法通过补贴诱导社会资本方采取使社会福利最大化时的努力水平，只能实现次优的努力水平。③当政府承诺向社会资本提供补贴时，社会资本付出的努力恒多于没有激励措施情况，政府补贴在一定程度上激励社会资本提高了努力水平。

命题3 定义 $\Delta e^{FB} = \left| e_1^{FB} - e_2^{FB} \right|$，$\Delta e^{SB} = \left| e_1^{SB} - e_2^{SB} \right|$，$\Delta e^{NO} = \left| e_1^{NO} - e_2^{NO} \right|$。当 $c_1 \neq c_2$，$\Delta e^{FB} \geqslant \Delta e^{SB} > \Delta e^{NO}$，当 $\lambda = 0$ 时取到等号；Δe^{SB} 随 λ 的增大而减小。

Δe 为两期努力水平之差的绝对值，命题3讨论了三种情形下两期努力水平之差的大小关系：①两期努力水平差距由相对努力成本决定，努力成本差异越大，努力水平之间的差距就越大。②当 $\lambda > 0$ 时，$\Delta e^{FB} > \Delta e^{SB}$，相较于最优情况，次优情况的努力水平之间的差距减小。具体而言，由于公共财政资金边际成本和道德风险的同时存在，努力水平的分配受到扭曲，无法按照相对努力成本的大小进行最优配置。且额外成本 λ 越大时，扭曲越严重（证明：$\dfrac{\partial \Delta e^{SB}}{\partial \lambda} < 0$）。③ $\Delta e^{SB} > \Delta e^{NO}$，激励机制的存在显著增加了成本差异所造成的努力差异，在一定程度上提升了努力水平分配的有效性。

5. 利益相关者分析

前文探讨了政府和社会资本的决策行为，下面将具体分析该补贴计划下的企业利润、消费者剩余和社会福利。

命题4 在最优情况下，社会资本仅能获得保留效用 π_0，消费者剩余和社会整体福利是 π_0 的减函数。

在政府最优补贴计划下，IR约束取到等号，因此社会资本的期望利润 $E\pi$ 恒等于 π_0。分别对 Es^{SB} 和 Ew^{SB} 求关于 π_0 的一阶条件可得：$\dfrac{\partial Es^{SB}}{\partial \pi_0} < 0$，$\dfrac{\partial Ew^{SB}}{\partial \pi_0} < 0$。结果指出，当社会资本的保留效用较高时，对应的转移支付也较高，由于转移支付成本的存

在，消费者剩余和社会整体福利都将有所减少。

命题5（a）定义 $\Delta\pi = \pi_0 - \pi^{NO}$， $\Delta s = s^{SB} - s^{NO}$， $\Delta w = w^{SB} - w^{NO}$，当 $\pi_0 = \pi^{NO}$ 时，若存在 $\bar{\lambda} \in [0,1]$ 使得 $\Delta s = 0$，则帕累托优化能够实现；（b）当 $\pi_0 = \pi^{NO}$，若 $\lambda_w : \Delta w(\lambda_w) = 0$， $\lambda_{cs} : \Delta s(\lambda_{cs}) = 0$，则有 $\lambda_s \leqslant \lambda_w$。

当公共资金的边际成本足够小时， $\Delta\pi \geqslant 0$ 和 $\Delta s \geqslant 0$ 能够同时发生。具体而言，政府能够通过设计最优补贴计划的同时提高社会资本和消费者的效用，实现"双赢"，提高整体社会福利。当政府向社会资本提供质量补贴时，若社会资本的保留效用与没有激励时的企业利润相同，则 $\Delta s = 0$ 时 λ 的临界值小于使 $\Delta w = 0$ 的临界值。因此，根据 λ 的大小，可以分为三种情况：当 $\lambda \in [0, \lambda_s]$ 时，能够实现社会资本和消费者的双赢，即 $\Delta\pi \geqslant 0$ 和 $\Delta s \geqslant 0$ 能够同时实现，此时社会福利显著提升；当 $\lambda \in (\lambda_s, \lambda_w)$ 时，社会整体福利会得到一定程度的改善，但消费者剩余相较于没有补贴激励时变差；若 $\lambda_w \leqslant 1$，则当 $\lambda \in [\lambda_w, 1]$ 时，社会整体福利下降，此时不应对社会资本进行补贴。

4.2.4 定价

前文获得通行费固定情况下的最优补贴计划，需要注意的是，在求解最优补贴计划时，目标函数和约束条件中都包含了通行费，因此，不同的收费价格将会导致不同的补贴计划，从而导致不同的社会福利水平。故本节将通行费纳入政府决策变量，探究交通运输项目的最优收费价格问题。根据推论3，收费价格和激励强度具有互补性，收费价格的提高能在一定程度上促进社会资本方提高努力水平，较高的通行费可能会给社会资本方带来较高的利润，从而降低了政府补贴中确保其参与的部分。然而，通行费过高也可能会损害消费者的利益。因此，为了使社会福利最大化，政府需要作出权衡。参考Feng等，本研究假设定价发生在建设期和运营期之前，且由政府决定。

为确定最优收费价格，政府与社会资本双方博弈问题可表示为如下优化问题：

$$\max_f Ew$$

$$s.t.$$

$$(\alpha, \beta_1, \beta_2) \text{ 由命题1给定} \tag{4-34}$$

$$(e_1, e_2)$$ 由命题1给定

通过逆向归纳法，本研究得到命题6。

命题6 当存在信息不对称时，最优收费价格f^*、最优激励强度（β_1^*, β_2^*）和社会资本方的努力水平（e_1^*, e_2^*）满足如下条件：

$$f^* = \frac{\hat{d}(c_1c_2 - \delta)(1 + \lambda - \tau)}{(c_1c_2 - \delta^2)(1 + \lambda - \tau) + (1 + \lambda)(c_1c_2 - \delta^2 - c_1\tau - c_2\tau - 2\delta\tau)} \quad （4-35）$$

$$\beta_1^* = \beta_2^* = \tau^2 \frac{(c_1c_2 - \delta^2)\hat{d} - (c_1c_2 - \delta^2 - c_1\tau - c_2\tau - 2\delta\tau)f^*}{c_1c_2 - \delta^2 - c_1\tau^2 - c_2\tau^2 - 2\delta\tau^2 + c_1c_2\lambda - \delta^2\lambda} \quad （4-36）$$

$$e_1^* = \frac{\hat{d}(c_2 + \delta)(1 + \lambda)\tau}{(c_1c_2 - \delta^2)(1 + \lambda - \tau) + (1 + \lambda)(c_1c_2 - \delta^2 - c_1\tau - c_2\tau - 2\delta\tau)} \quad （4-37）$$

$$e_2^* = \frac{\hat{d}(c_1 + \delta)(1 + \lambda)\tau}{(c_1c_2 - \delta^2)(1 + \lambda - \tau) + (1 + \lambda)(c_1c_2 - \delta^2 - c_1\tau - c_2\tau - 2\delta\tau)} \quad （4-38）$$

推论4 当政府决定PPP项目收费价格时，最优收费价格f^*随着互补效应δ和公共财政资金的边际成本λ的增加而提高，随两期努力成本系数c_1和c_2的增加而减小。

对f^*分别求关于δ、λ、c_1和c_2的一阶条件可得：$\frac{\partial f^*}{\partial \delta} > 0$，$\frac{\partial f^*}{\partial \lambda} > 0$，$\frac{\partial f^*}{\partial c_1} < 0$，$\frac{\partial f^*}{\partial c_2} < 0$。结论如下：①当互补效应越大时，收费价格也将越大。具体而言，建设期和运营期努力水平的互补效应越强，政府越有动力制定较高的通行费。②当边际成本λ较大时，转移支付给社会福利造成的额外损失越大，推论3指出收费价格与激励强度具有替代效应，因此为降低补贴所引起的高昂的转移支付成本，政府应收取较高的通行费。③社会资本的两期努力成本系数较大时，政府应降低收费价格。这种情况下社会资本方建设和运营成本较高，政府通过激励社会资本提高努力水平进而提升社会整体福利水平的做法效率较低，应考虑降低收费价格以提高需求量，进而提高社会福利。

另外，在政府决定通行价格情形下，与社会资本最优努力水平性质相关的推论2、命题2和命题3及有关利益相关者讨论的命题4和命题5仍成立，篇幅有限，不再赘述。

4.2.5 算例分析

为直观展示命题结果，本研究使用Mathematica 12进行数值分析，研究模型中关键参数对政府和社会资本决策行为、社会资本利润、消费者剩余及整体社会福利的影响。模型的默认参数值见表4-3。

模型的默认参数值   表4-3

$\hat{d}$	f	σ	c_1	c_2	δ	τ	λ
10	4	2	8	6	1	0.8	0.5

1. 成本参数对政府和社会资本决策的影响

图4-8和图4-9分别反映了互补效应系数 δ、建设期和运营期努力成本 c_i 对政府激励强度 β 和社会资本两期努力水平 e_i 的影响。由推论1可知，建设期和运营期质量的激励强度相同，激励强度受到两期努力成本系数的影响同质，如图4-8所示，β 随着努力成本系数的增加而减小；另外，β 随互补效应 δ 的增加

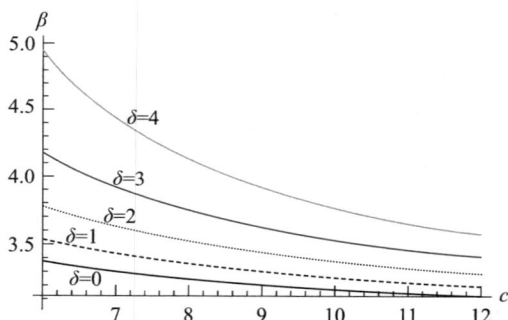

图4-8   成本参数对 β 的影响

而增加，即与不存在互补效应相比，若社会资本在建设期和运营期投入成本的相关程度越高，政府提供的激励应越大。由图4-9可知，社会资本最优努力水平 e_i^{SB} 与激励强度 β 的增减性保持一致。但值得注意的是，当其他条件不变，若 $c_i > c_j$，$e_i < e_j$ 恒成立，这说明即使政府对两期努力的激励强度相等（推论1），社会资本仍会统筹分析成本和效益，并对努力水平进行合理分配，提高努力分配效率。

2. 收费价格与激励强度的替代效应

由图4-10可知，激励强度 β 随收费价格 f 的提高而减小，两期努力水平 e_i 随收费

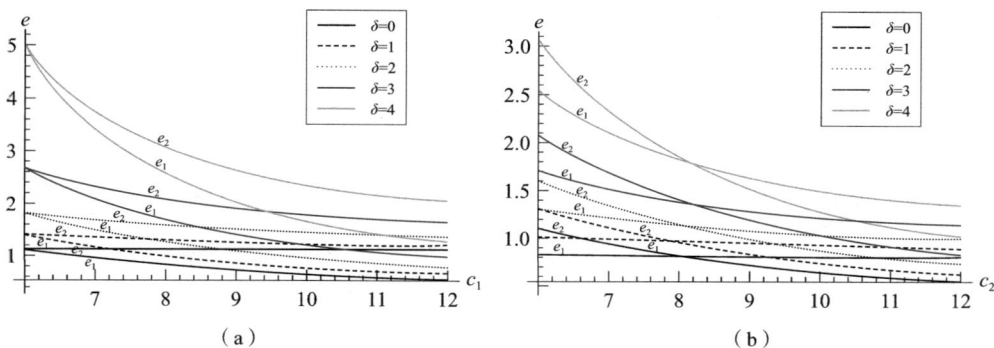

图4-9　成本参数对e_i的影响

（a）δ、c_1对e的影响；（b）δ、c_2对e的影响

价格f的提高而提高，不难看出收费价格f与激励强度β具有一定的替代性：当政府财政预算有限时，可考虑提高收费价格、降低补贴激励，通行费的提高既保证了社会资本的参与，也能促进企业在建设期和运营期投入更高的努力水平，减少政府的补贴支出；另外，图4-10表明了激励强度β和两期努力水平e_i均随边际成本λ的增加而减小，当公共财政资金的边际成本较高时，转移支付成本高昂，政府往往会降低激励水平，进而降低社会资本的努力水平。

3. 努力水平比较分析

图4-11表示无政府补贴、政府规制及存在政府补贴三种情况下社会资本努力水平及相应差值之间的关系。图4-11（a）和图4-11（b）反映了三种情况下努力水平的大小关系：$e_i^{FB} \geq e_i^{SB} > e_i^{NO}$，且当公共资金边际成本$\lambda$为0时，$e_i^{FB} = e_i^{SB}$，这说明由于转移支付成本和道德风险的存在，政府无法通过补贴激励社会资本选择最优情况下的努力水平。然而，这并不能说明政府补贴是没有效果的，因为$e_i^{SB} > e_i^{NO}$恒成立表明政府补贴在一定程度上激励社会资本提高了努力水平。

图4-11（c）反映了努力成本不同造成的努力水平差异在三种情况下的大小关系：$\Delta e^{FB} \geq \Delta e^{SB} > \Delta e^{NO}$，且当公共资金边际成本$\lambda$为0时，$\Delta e^{FB} = \Delta e^{SB}$，说明由于公共财政资金边际成本和道德风险的同时存在，社会资本努力水平的分配受到扭曲，无法按照相对努力成本的大小进行最优配置。与此同时，$\Delta e^{SB} > \Delta e^{NO}$表明激励机制的存在能够增加努力水平分配的有效性。另外，由图4-11（c）可知，随着λ的增加，次优情

况下最优努力水平之差逐渐减小，意味着当额外成本 λ 越大时，努力水平的分配扭曲越严重。

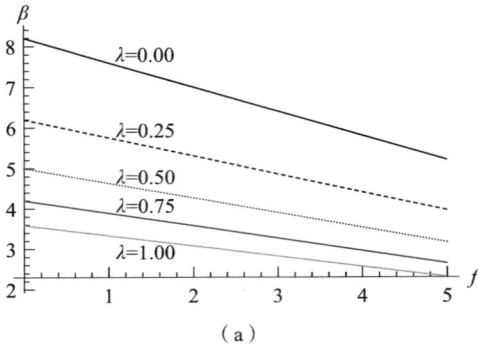

（a）

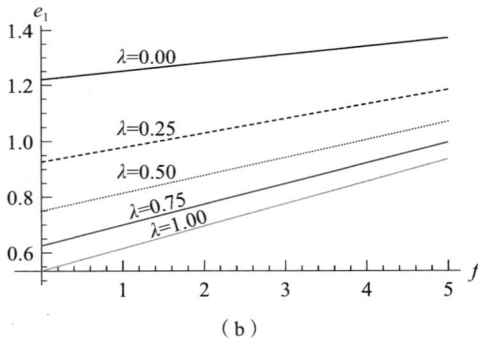

（b）

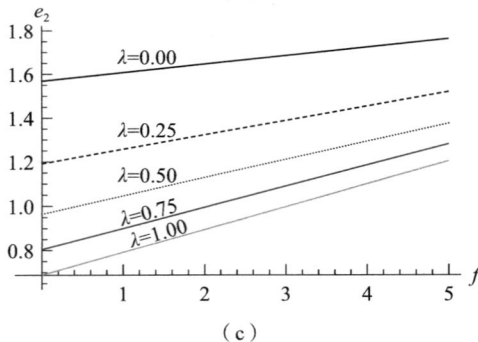

（c）

图4-10　收费价格f与激励强度的替代效应

（a）f、λ对β的影响；（b）f、λ对e_1的影响；
（c）f、λ对e_2的影响

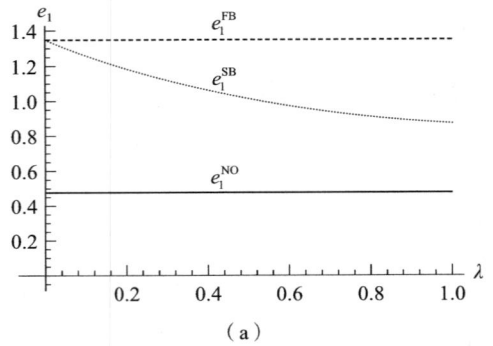

（a）

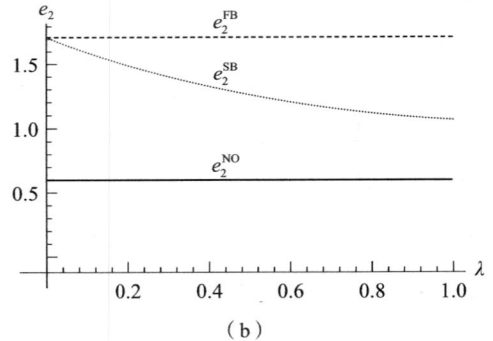

（b）

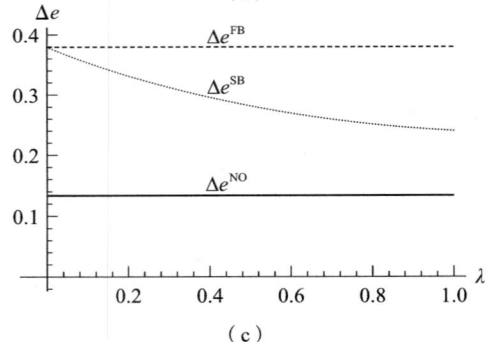

（c）

图4-11　三种情况下努力水平比较

（a）无政府补贴情况下e_1随λ变化情况；（b）政府规制下e_2随λ变化情况；（c）存在政府补贴情况下Δe随λ变化情况

4. 收费价格分析

图4-12（a）表示无政府补贴、政府规制及存在政府补贴三种情况下收费价格之间的关系。由图可知，$f^{SB} \geqslant f^{FB}$，且当公共资金边际成本 λ 为0时，$f^{SB} = f^{FB}$，说明由于转移支付成本和道德风险的存在，政府会提高收费价格，且转移支付成本越高，定价越高。f^{SB} 与 f^{NO} 的大小关系取决于 λ 的取值，当转移支付成本较小时，$f^{NO} > f^{FB}$；反之，$f^{NO} < f^{FB}$。图4-12（b）展示了收费价格与成本参数之间的关系，根据 f 的表达式，f 受到两期努力成本系数的影响同质，均随着两期努力成本系数的增加而减小；另外，当两期互补效应较大时，收费价格也相应提高。

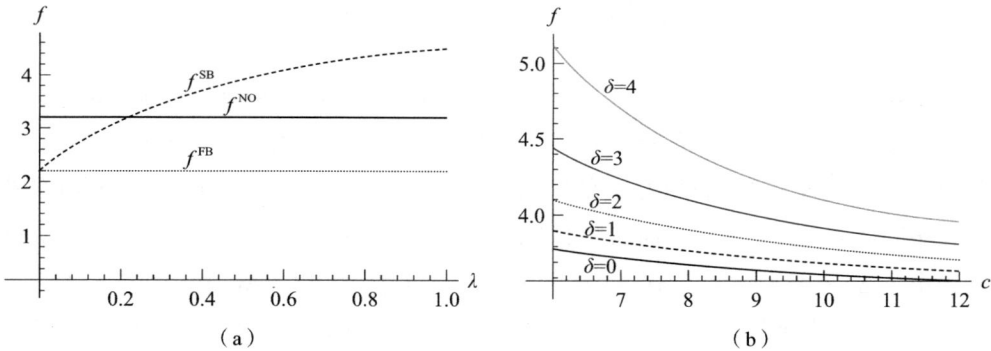

图4-12　收费价格性质

（a）无政府补贴、政府规制及存在政府补贴三种情况下随 λ f 变化情况；（b）收费价格与成本参数之间的关系

5. 利益相关者影响

图4-13（a）表示消费者剩余 s、社会整体福利 w 与保留效用 π_0 和收费价格 f 的关系。由于社会资本只能获得保留效用，故消费者剩余和社会整体福利随 f 的变化相同：随 f 的增加先增加后减小，且在 $f = f^*$ 取到最大值。图4-13（b）展示了不同边际成本 λ 下社会整体福利随 f 的变化情况，可以发现社会福利随着 λ 的不断增加而减小，即公共资金边际成本越高，社会整体福利越低。值得注意的是，当收费价格升高时，由于存在公共资金边际成本 λ 而造成的社会福利损失减小，这是因为收费价格的提高降低了政府补贴，进而减小了转移支付造成的损失。

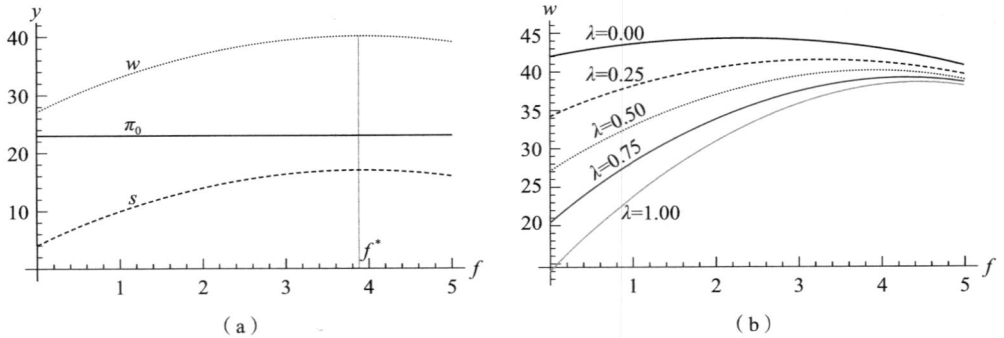

图4-13　收费价格f对s、w、π_0的影响

（a）消费者剩余s、社会整体福利w与保留效用π_0和收费价格f的关系；
（b）不同边际成本λ下社会整体福利随f的变化情况

图4-14（a）表示$\Delta\pi$、Δs、Δw随社会资本保留效用π_0和边际成本λ变动而变化的情况。由于社会资本的期望利润恒等于保留效用π_0，因此随着π_0的增加，$\Delta\pi$呈线性增加，而Δs和Δw随着π_0的增加不断减小。由图4-14（a）可知，Δw所在平面在中间区域内处于三个平面的最上方，验证了命题5中提到的"帕累托优化"的存在，由于$\Delta w = \Delta s + \Delta\pi$，只有当$\Delta\pi \geqslant 0$和$\Delta s \geqslant 0$同时发生时，$\Delta w$才会处于最上方，因此该区域即为社会资本利润和消费者剩余均得到提升的区域，称之为"双赢情境"。

给定$\pi_0 = 23$，得到关于$\Delta\pi$、Δs、Δw随λ变化情况，如图4-14（b）所示。此

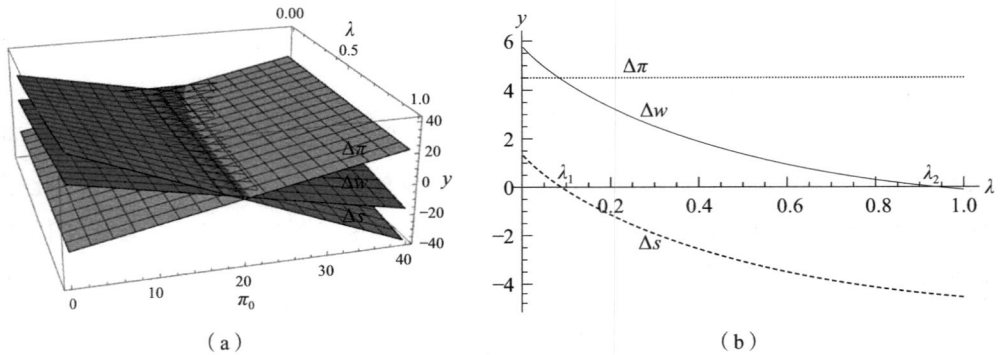

图4-14　保留效用π_0和边际成本λ对$\Delta\pi$、Δs、Δw的影响

（a）$\Delta\pi$、Δs、Δw随社会资本保留效用π_0和边际成本λ变动而变化的情况；
（b）$\pi_0 = 23$时，$\Delta\pi$、Δs、Δw随λ变化情况

时，$\Delta\pi>0$，Δs 和 Δw 随着 λ 的增加不断减小，当 $\lambda\in[0,\lambda_1]$ 时，"双赢局面"发生；当 $\lambda\in(\lambda_1,\lambda_2)$ 时，$\Delta s<0$，$\Delta w>0$，社会整体福利得到一定程度改善，但消费者剩余相较于没有补贴激励时变差。

4.2.6 结论与启示

本研究以交通运输PPP项目为研究对象，通过构建公私双方Stackelberg博弈模型，探究政府给予社会资本基于建设和运营期两期项目质量的最优补贴计划及其性质，并在此基础上获得最优收费价格。最后，在该补贴和定价方式下，本研究分析了社会整体福利、企业利润、消费者剩余的变化情况。结果表明：第一，政府可以通过补贴计划来激励社会资本提高两期质量，但只有当公共资金的边际成本足够低时，能够实现企业利润和消费者剩余的"帕累托优化"；第二，收费价格与激励强度具有替代效应，收费价格的提高能够促进社会资本提高努力水平；第三，最优政府补贴的两期质量激励强度相同，与建设期和运营期的努力成本差异无关，但与两期努力互补效应正相关；第四，随着公共资金边际成本的提升，最优收费价格提高，最优政府补贴的质量激励强度减小，社会资本对两期努力水平的分配受到扭曲；第五，在最优政府定价和补贴情况下，社会资本仅能获得保留效用，消费者剩余和社会福利是保留效用的减函数。

本研究对政府在PPP项目实施过程中如何对社会资本进行绩效激励提出四点建议。第一，政府在对社会资本进行绩效补贴时，除了考虑运营期补贴外，还需考虑建设期补贴。第二，政府在设计建设期和运营期的激励强度时，只需关注质量提升带来的正面效应，无需考虑努力成本。因为社会资本在给定激励水平下会统筹分析成本和效益，并对努力水平进行合理分配，提高努力分配效率，实现社会效益的最大化。第三，收费价格与补贴之间的替代效应，因此当政府补贴预算有限时，为了达到激励社会资本方提高努力水平的目的，政府可以选择提高通行费以节省补贴资金。第四，当公共资金的边际成本足够低时，政府可以通过设计一个可行的补贴计划实现企业利润和消费者剩余的"帕累托改进"。因此，政府需要保持较低的公共资金边际成本。本研究结论为我国政府提高交通运输PPP项目绩效，科学合理地设计绩效补贴及定价机制提供一定的理论支持。

本研究也存在一定的研究局限。本研究仅探讨了公私双方均为风险中性下的最优补贴，而社会资本的风险偏好可能存在不同形式；此外，在PPP项目实际执行过程中，除现金补贴外，还涉及许多其他类型的补偿方式，如合同延期、税收减免等。因此，后续研究可考虑社会资本的不同风险偏好或其他类型的补贴方式，探索更多元化的PPP按效补贴模式。

4.3 私营收费公路交付：提高服务质量与社会福利的激励策略

4.3.1 引言

PPP模式是全球范围内交付交通基础设施资产（如收费公路）的重要工具。PPP模式在收费公路交付中的广泛应用，得益于社会资本参与公共服务带来的诸多益处。例如，收费公路项目通常需要大规模资金投入，而社会资本的参与可以减轻政府的财政压力。此外，社会资本通常拥有先进的技术和项目管理经验，能够为服务提供创新并提高资产运营效率。

然而，过去十年中，社会资本参与基础设施建设的模式一直备受争议。例如，PPP项目的运营阶段常因私营部门的机会主义行为而出现问题，导致许多资产的服务质量下降。此外，社会资本以利润最大化为目标，因此在参与PPP项目后往往对公共利益关注有限，导致服务质量往往达不到最优。尽管如此，服务质量是PPP合同中明确规定的核心条款，因此对政府的决策过程至关重要。以四川省为例，2014年颁布了关于BOT高速公路服务质量的法规。此外，澳大利亚的PPP交通项目要求明确关键绩效指标（KPIs），以评估运营方的服务质量是否符合双方约定的标准。社会资本提供的更高质量服务会增加客流量，进而提高服务成本，这对社会资本的利润和社会福利（公共部门关注的重点）具有重要影响。

为平衡社会资本与公众利益以确保社会福利，采用PPP模式的政府在其资产（如收费公路）的运营阶段向合作组织提供一定的补贴。因此，如何制定合理的激励措施以提升社会资本融资/运营的基础设施资产（以下类似情况简称私营收费公路）的服务（运营）质量，一直是公共部门关注的重要议题。尽管如此，现有研究大多集中于政府补贴的形式和金额，而缺乏对提升私营收费公路服务质量的不同情景的探讨，更鲜有关于设定预期服务质量水平以确保最优社会福利的研究。

本研究旨在识别并探讨提升私营收费公路运营质量的不同激励机制。本研究主要回答以下问题：

（1）公共部门在什么条件下应考虑采用激励策略以提升社会资本的服务质量？

（2）公共部门在什么条件下应选择向社会资本提供财政补贴或减免？

（3）哪种激励策略在服务质量、收费价格、社会资本利润和社会福利方面更为有效？

在实践中，作为项目客户的政府需要确定并实施激励机制，以最大化社会福利。在激励机制的作用下，运营方根据客户的期望决定收费价格和运营质量，以实现利润最大化。因此，需要考虑以下四种情景：①社会最优的第一最佳条件（情景FB）；②无激励情景（情景NO）；③未设定预期质量水平的激励情景（情景IN）；④设定预期质量水平的激励情景（情景IT）。为了更好地理解和解释激励策略对交通项目服务质量和社会福利的影响，重点分析两种激励策略（情景IN和情景IT），并将其与情景FB和情景NO进行比较。

本研究的贡献主要体现在两个方面：一是，提出了一个改进模型，有助于政府评估其激励策略对交通项目绩效的影响；二是，为决策者在选择交通资产运营激励措施时提供更深入的见解。

4.3.2 模型构建

考虑运营期间的私营收费公路，政府和社会资本双方展开博弈。政府首先决定最大化社会福利的激励机制，随后社会资本决定通行费和运营质量，以最大化利润。

假设通行费和道路质量将极大地影响消费者的购买意图和行为。因此，交通需求表示为公式（4-39）。

$$d = d_0 - ap + b(q - q_0) \tag{4-39}$$

其中，d 表示需求；d_0 表示市场规模；p 表示普遍的成本；q 表示收费公路的运营质量；q_0 表示目标市场中运营质量的最低标准；a 和 b 表示 p 和 $(q - q_0)$ 对于需求的影响。

在这种情况下，运营质量 q 可近似于表征服务水平，或作为综合多个质量属性的复合指标，包括：道路养护（如行车舒适性与安全性）、资产服务区特性（如公共卫生与配套服务设施配置）、运营监测（如交通信息与道路通信）以及应急管理（如道路救援、清障等）。本研究假设运营质量能够被公共部门和使用者充分感知，即具有可观测性、可识别性与可验证性。即使高速公路服务质量仅能被使用者主观感知和评估，公共部门仍可通过深度访谈、问卷调查等方法获取使用者对服务质量的评价。此外，q_0 表示与消费者正/负质量效用相关的最低保留质量基准值。实际质量与预期质量的差值 $(q-q_0)$ 将影响消费者满意度和决策行为。

价格 p 可以表示为行驶时间 t 和收费 f 的线性组合，$p=f+\theta t$，θ 是用户的时间价值。假设 $t=t_0+\mu d/v$，t_0 表示免费行驶时间，d/v 表示距离与速度之比，μ 为系数，表示单位交通密度变化所引起的通行时间的变化。将 p 代入式（4-39），得到 $d=d_0-a[f+\theta(t_0+\mu d/v)]+b(q-q_0)$。然后，需求供应平衡上升为 $d=\dfrac{v}{v+\theta\mu a}[d_0-a\theta t_0-af+b(q-q_0)]$。为简单起见，令 $\hat{d}=d_0-a\theta t_0$，$\tau=\dfrac{v}{v+\theta\mu a}$，$\tau\in(0,1)$。因此，$d$ 可以表示为：

$$d=\tau[\hat{d}-af+b(q-q_0)] \tag{4-40}$$

在私营收费公路中，社会资本负责道路运营及投资改善服务质量。基于上述需求函数，社会资本的利润函数（不考虑转移支付）可以简单地表述为：

$$v=fd-\frac{1}{2}\eta q^2 \tag{4-41}$$

社会资本的最终利润表示为：

$$\pi=fd-\frac{1}{2}\eta q^2+T \tag{4-42}$$

其中，T 是政府提供的货币转移支付（即向社会资本转移的补贴），旨在激励社会资本提高质量；$\dfrac{1}{2}\eta q^2$ 表示社会资本为实现质量水平 q 所投入的资金成本。

根据确定性价格需求曲线相关研究，消费者剩余被定义为一种用户的付款意愿与广义价格之间的差异，即以广义价格和需求曲线之间的面积为代表。本研究中，用户支付的全价 γ 是 $f+\theta t-b(q-q_0)$，且只有当用户的付费意愿超过总费用 γ 时，他们才会选择收费公路。因为需求 $d = \hat{d} - a\gamma$，用户付款的最高意愿是 $\hat{d}/a$，而最低的付费意愿是 γ。因此，计算消费者剩余 $\int_{\gamma}^{\hat{d}}(\hat{d} - ax)\mathrm{d}x = \frac{1}{2a}(\hat{d} - a\gamma)^2 = \frac{1}{2a}d^2$。根据上述公式，该项目的消费者剩余如下：

$$s = \frac{\tau^2}{2a}[\hat{d} - af + b(q - q_0)]^2 \qquad (4-43)$$

政府参与私营收费公路项目的目的是最大化社会福利，包括社会资本的利润和消费者盈余的总和减少后将资金转移给公司的社会成本。公共资金的转让可以是正面的（即补贴）或负面的（即罚款或税收）。因此，社会福利可以表示如下，其中 λ 是公共资金的隐形成本。

$$w = \pi + s - (\lambda + 1)T \qquad (4-44)$$

Auriol和Picard指出，在衡量政府经济干预成本时，考虑公共资金影子成本具有重要意义。由于补贴社会资本的资金来源于税收，每向社会资本转移一单位支付，就会对社会产生 $1+\lambda$ 单位的成本，从而导致额外的社会成本，即"社会成本"。已有研究对 λ 值进行了评估。Snow和Warren提出，发达国家的 λ 值约为0.3，而Auriol和Picard则认为，发展中国家的 λ 值可能高达0.9。当 λ 等于0时，转移支付不会产生额外的社会成本。然而，在 λ 值较大的情况下，政府会更加关注补贴或减免，或试图通过减免来刺激效用，以抵消不断增长的社会成本。此外，公共资金影子成本也可用于衡量政府预算约束的紧度，作为政府预算约束的拉格朗日乘数。

4.3.3 最佳决策分析

本节将讨论以下四种情景：①社会最优的第一最优条件（情景FB）；②无激励情景（情景NO）；③未设定预期质量水平的激励情景（情景IN）；④设定预期质量水平的激励情景（情景IT）。

1. 社会最优的第一最优条件（情景FB）

以第一最优条件（情景FB）作为基准进行研究，在该情景下，政府可以监管私营运营商或自行运营收费公路，直接确定最优收费价格和质量水平，以最大化以下社会福利：

$$w_{FB} = \pi + s = fd - \frac{1}{2}\eta q^2 + \frac{1}{2a}d^2 \tag{4-45}$$

为确保情景FB中存在最优解，条件 $2a\eta - \tau b^2 - a\eta\tau > 0$ 必须成立。由于 $\tau \in (0,1)$，假设 $a\eta > b^2$，并得出命题1。

命题1 在情景FB下，最优收费价格 f_{FB}^* 和质量水平 q_{FB}^* 满足以下公式：

$$f_{FB}^* = \frac{\eta(1-\tau)(\hat{d} - bq_0)}{2a\eta - \tau b^2 - a\eta\tau} \tag{4-46}$$

$$q_{FB}^* = \frac{b\tau(\hat{d} - bq_0)}{2a\eta - \tau b^2 - a\eta\tau} \tag{4-47}$$

2. 无激励情景（情景NO）

接下来，考虑无激励情景（情景NO），以探讨社会资本的自发决策行为。在该情景下，政府不对社会资本进行监管，社会资本通过向资产终端用户收费获得收入。因此，转移支付为0，私营实体选择最优收费价格和质量水平以最大化利润：

$$\pi_{NO} = fd - \frac{1}{2}\eta q^2 \tag{4-48}$$

通过求解该问题，得到命题2。

命题2 在情景NO下，最优收费价格 f_{NO}^* 和质量水平 q_{NO}^* 满足下式：

$$f_{NO}^* = \frac{\eta(\hat{d} - bq_0)}{2a\eta - \tau b^2} \tag{4-49}$$

$$q_{NO}^* = \frac{b\tau(\hat{d} - bq_0)}{2a\eta - \tau b^2} \tag{4-50}$$

3. 未设定预期质量水平的激励情景（情景IN）

继续探讨另一种情景，即政府向社会资本提供基于质量的补贴以激励其提高质量投资（情景IN）。该情景下的转移支付为质量 q 的线性函数：

$$T_{IN} = \gamma q \tag{4-51}$$

其中，γ表示激励强度。双方进行Stackelberg博弈，政府决定激励强度γ以最大化社会福利，随后社会资本确定收费价格和质量水平以最大化利润。政府和社会资本的目标分别表示如下：

$$w_{IN} = fd - \frac{1}{2}\eta q^2 + \frac{1}{2a}d^2 - \lambda\gamma q \tag{4-52}$$

$$\pi_{IN} = fd - \frac{1}{2}\eta q^2 + \gamma q \tag{4-53}$$

通过逆向归纳法推导出社会资本的最优响应为：

$$f_{IN}^*(\gamma) = \frac{\eta(\hat{d} - bq_0) + b\gamma}{2a\eta - \tau b^2} \tag{4-54}$$

$$q_{IN}^*(\gamma) = \frac{b\tau(\hat{d} - bq_0) + 2a\gamma}{2a\eta - \tau b^2} \tag{4-55}$$

将$[f_{IN}^*(\gamma), q_{IN}^*(\gamma)]$代入$w_{IN}$并求解政府问题后，得到命题3。

命题3 在情景IN下，最优激励强度γ_{IN}^*，收费价格f_{IN}^*和质量水平q_{IN}^*满足：

$$\gamma_{IN}^* = \frac{\tau b(\hat{d} - bq_0)[\tau a\eta - \lambda(2a\eta - \tau b^2)]}{a[4a\eta(1+2\lambda) - \tau b^2(2+4\lambda+\tau)]} \tag{4-56}$$

$$f_{IN}^* = \frac{(\hat{d} - bq_0)[2a\eta(1+2\lambda) - \lambda\tau b^2]}{a[4a\eta(1+2\lambda) - \tau b^2(2+4\lambda+\tau)]} \tag{4-57}$$

$$q_{IN}^* = \frac{\tau b(\hat{d} - bq_0)(2+2\lambda+\tau)}{4a\eta(1+2\lambda) - \tau b^2(2+4\lambda+\tau)} \tag{4-58}$$

基于命题3，当且仅当$\tau a\eta - \lambda(2a\eta - \tau b^2) > 0$，$\gamma_{IN}^* > 0$。

推论1 为保证$\gamma_{IN}^* > 0$，需满足$\lambda < \dfrac{\tau a\eta}{2a\eta - \tau b^2}$，且该阈值$\left(\dfrac{\tau a\eta}{2a\eta - \tau b^2}\right)$随着$v$和$b$的增加而上升，同时随着$\theta$、$a$和$\eta$增加而下降。

根据推论1，仅当公共资金影子成本低于特定阈值时，才存在可行的激励措施。

如前所述 $\tau = \dfrac{v}{v+\theta\mu a}$，推论1还讨论了单调性①阈值。在道路容量或质量系数增加的
情况下，会有可能将补贴质量改进。当资产最终用户更关心收费价格和时间价值时，
奖励私营部门提高质量将不太可行。

推论2 最优激励强度 γ^*_{IN} 随 q_0、λ 和 η 的增加而下降。

推论2揭示了最优激励强度的单调性。当预期质量水平降低时，政府会采取更强
的激励措施，因为在此情景下更容易实现更高的社会福利。此外，随着公共资金影子
成本的上升，激励强度会减弱。直观来看，如果影子成本增加，激励转移所产生的社
会成本也会更高。因此，政府倾向于减少补贴以降低额外的社会成本。此外，η 表示
社会资本的运营效率成本系数。简而言之，η 越大，表明社会资本的效率越低，政府
不愿意为低效的实体提供更高的激励计划。

推论3 社会资本的最优收费价格 f^*_{IN} 和质量水平 q^*_{IN} 满足：（a）$f^*_{IN}(\gamma)$ 和 $q^*_{IN}(\gamma)$ 两
者均随着 γ 的增加而上升；（b）f^*_{IN} 和 q^*_{IN} 均随着 q_0、λ 和 η 的增加而下降。

推论3展示了社会资本最优决策行为的特性。具体来说，社会资本的决策行为与
政府的激励措施呈正相关。当政府提供更高的激励强度时，社会资本倾向于表现得更
好，以提高资产的服务质量。然而，更高的激励强度会导致更高的收费价格，这可能
会抑制市场需求。此外，收费价格和质量水平的单调性与收费价格和激励强度的单调
性一致。

4. 设定预期质量水平的激励情景（情景IT）

在情景IT中，政府为社会资本设定预期质量水平，仅当社会资本达到该标准时才
能获得奖励，否则将被减免。这种激励合同在商业航空和国防等行业中较为常见。

假设政府设定的预期质量水平是 q_0，等于运营质量的最低预期水平。政府和社
会资本都根据历史数据或调查了解最终用户对质量和购买行为的期望。因此，转移付
款是质量差距 $(q-q_0)$ 的线性表达：

$$T_{IT} = \gamma(q-q_0) \tag{4-59}$$

类似于情景IN，γ 代表激励强度，政府和社会资本的目的分别如下：

---

① 在基础演算中，已知 $f' \geq 0$ 在一个区间 I 上，且 f 在 I 上不持续。

$$w_{\mathrm{IT}} = fd - \frac{1}{2}\eta q^2 + \frac{1}{2a}d^2 - \lambda\gamma(q - q_0) \tag{4-60}$$

$$\pi_{\mathrm{IT}} = fd - \frac{1}{2}\eta q^2 + \gamma(q - q_0) \tag{4-61}$$

运用逆向归纳法来求解上述问题。首先，关注社会资本在博弈的第二阶段，以及社会资本的最优反应$[f_{\mathrm{IT}}^*(\gamma), q_{\mathrm{IT}}^*(\gamma)]$，为$\gamma$的函数，可表示为：

$$f_{\mathrm{IT}}^*(\gamma) = \frac{\eta(\hat{d} - bq_0) + b\gamma}{2a\eta - \tau b^2} \tag{4-62}$$

$$q_{\mathrm{IT}}^*(\gamma) = \frac{b\tau(\hat{d} - bq_0) + 2a\gamma}{2a\eta - \tau b^2} \tag{4-63}$$

值得注意的是，社会资本的最优反应$[f_{\mathrm{IT}}^*(\gamma), q_{\mathrm{IT}}^*(\gamma)]$与情景IN中的相同。随后，通过将社会资本的最优反应$[f_{\mathrm{IT}}^*(\gamma), q_{\mathrm{IT}}^*(\gamma)]$代入社会福利，为政府提供最优解决方案。然后，将最优的γ代入$[f_{\mathrm{IT}}^*(\gamma), q_{\mathrm{IT}}^*(\gamma)]$，从而得出命题4。

命题4 情景IT下，最优激励强度γ_{IT}^*，收费价格f_{IT}^*和质量水平q_{IT}^*满足以下条件：

$$\gamma_{\mathrm{IT}}^* = \gamma_{\mathrm{IN}}^* + \frac{\lambda q_0(2a\eta - \tau b^2)^2}{a[4a\eta(1 + 2\lambda) - \tau b^2(2 + 4\lambda + \tau)]} \tag{4-64}$$

$$f_{\mathrm{IT}}^* = f_{\mathrm{IN}}^* + \frac{\lambda b q_0(2a\eta - \tau b^2)}{a[4a\eta(1 + 2\lambda) - \tau b^2(2 + 4\lambda + \tau)]} \tag{4-65}$$

$$q_{\mathrm{IT}}^* = q_{\mathrm{IN}}^* + \frac{2q_0\lambda(2a\eta - \tau b^2)}{4a\eta(1 + 2\lambda) - \tau b^2(2 + 4\lambda + \tau)} \tag{4-66}$$

推论4 当$q_0 < \dfrac{\tau b\hat{d}}{2a\eta}$时，为保证$\gamma_{\mathrm{IT}}^* > 0$，需满足$\lambda < \dfrac{\tau^2 ab\eta(\hat{d} - bq_0)}{(\tau b\hat{d} - 2a\eta q_0)(2a\eta - \tau b^2)}$；当$q_0 \geqslant \dfrac{\tau b\hat{d}}{2a\eta}$时，无论$\lambda$为何值，均存在可行的激励计划。

与情景IN不同，推论4表明，公共资金影子成本对激励强度的影响取决于目标水平q_0。因此，在设定的预期质量水平较低的情况下，仅当影子成本低于特定阈值时，才存在可行的质量改进激励措施。值得注意的是，该阈值大于情景IN中的阈值，这意味着激励措施更具可行性。相反，如果 q_0 较大，设定的预期质量水平将较高。在这种情况下，政府需要补贴社会资本，而无需考虑影子成本。

推论5 最优激励强度 γ_{IT}^* 满足：当 $\lambda < \dfrac{b^2\tau^2}{2(2a\eta - b^2\tau)}$ 时，γ_{IT}^* 随着 q_0 的增加而下降；否则，γ_{IT}^* 随着 q_0 的增加而上升。

推论5描述了最优激励强度的单调性特征，这种特性取决于公共资金影子成本。若影子成本低于特定阈值，最优激励强度将随着预期质量标准的提高而减弱，这与推论2的结论一致。然而当公共资金影子成本超过该阈值时，政府可能通过减免税收而非补贴方式反哺私人部门，因此随着预期质量标准提高，政府反而倾向于采取更强化的激励措施。

推论6 社会资本的最优收费价格 f_{IT}^* 和质量水平 q_{IT}^* 满足：

（a）$f_{IT}^*(\gamma)$ 和 $q_{IT}^*(\gamma)$ 均随着 γ 的增加而上升；

（b）f_{IT}^* 随着 q_0 的增加而下降；

（c）当 $\lambda < \dfrac{b^2\tau(2+\tau)}{4(a\eta - b^2\tau)}$ 时，q_{IT}^* 随着 q_0 的增加而下降；反之，q_{IT}^* 随着 q_0 的增加而上升。

推论6揭示了社会资本最优决策行为的性质。其中，推论6（a）与推论3（a）一致。然而，定价与质量水平对预期质量水平 q_0 的单调性有所不同：当预期质量水平 q_0 提高时，定价会降低。这是因为更高的预期质量也提升了消费者对质量的期望水平，促使社会资本更倾向于优先提升质量而非提高收费。但实际质量水平的单调性取决于公共资金影子成本（λ）。若影子成本低于特定阈值，实际质量水平会随预期质量 q_0 的上升而下降；反之则上升。值得注意的是，此处的阈值大于推论5中的对应值。

推论7 奖励与减免的临界点是 $\bar{q}_0 = \dfrac{\tau b \hat{d}(2 + 2\lambda + \tau)}{4a\eta(1+\lambda)}$，即当 $q_0 < \bar{q}_0$ 时，社会资本将获得奖励；当 $q_0 > \bar{q}_0$ 时，社会资本将受到税收减免。该阈值随 v 和 b 的增加而上升，随 λ、a 和 η 的增加而下降。

推论7说明了奖励与税收减免临界点的性质。当设定的预期质量水平 q_0 较低时，社会资本通过提升社会福利而获得政府奖励的概率更高，而较高的 q_0 则因其实现难度较大，政府可能选择减免税收而非提供奖励。

推论7还指出了临界点的单调性，即较高的公共资金影子成本会导致较大的激励转移。此时，政府更倾向于向社会资本减免税收。值得注意的是，η表示社会资本的运营效率，当η提高时，社会资本的运营效率降低，因此政府不愿为社会资本提供补贴。此外，较大的b表示预期质量水平对市场需求和消费者剩余的影响更大。因此，当质量成为关键时，社会资本更有可能获得奖励。类似于b，a是通行费价格对需求的影响，因此产生反向影响，所以临界点随a的增加而下降。

4.3.4 情景比较

本节比较了四种情景下政府和社会资本的最优决策行为，进而评估不同激励策略的影响。表4-4总结了最优激励强度、通行价格、质量水平和市场需求。表4-5总结了在不同情景下的最优社会福利和社会资本的利润。

四种情景下的最优合同与响应　　　　　　　　表4-4

情景	γ^*	f^*	q^*	d^*
FB	—	$\dfrac{\eta(1-\tau)(\hat{d}-bq_0)}{2a\eta-\tau b^2-a\eta\tau}$	$\dfrac{b\tau(\hat{d}-bq_0)}{2a\eta-\tau b^2-a\eta\tau}$	$\dfrac{\tau a\eta(\hat{d}-bq_0)}{2a\eta-\tau b^2-\tau a\eta}$
NO	0	$\dfrac{\eta(\hat{d}-bq_0)}{2a\eta-\tau b^2}$	$\dfrac{b\tau(\hat{d}-bq_0)}{2a\eta-\tau b^2}$	$\dfrac{\tau a\eta(\hat{d}-bq_0)}{2a\eta-b^2\tau}$
IN	$\dfrac{\tau b(\hat{d}-bq_0)[\tau a\eta-\lambda(2a\eta-\tau b^2)]}{a[4a\eta(1+2\lambda)-\tau b^2(2+4\lambda+\tau)]}$	$\dfrac{(\hat{d}-bq_0)[2a\eta(1+2\lambda)-\lambda\tau b^2]}{a[4a\eta(1+2\lambda)-\tau b^2(2+4\lambda+\tau)]}$	$\dfrac{\tau b(\hat{d}-bq_0)(2+2\lambda+\tau)}{4a\eta(1+2\lambda)-\tau b^2(2+4\lambda+\tau)}$	$\dfrac{\tau(\hat{d}-bq_0)(2a\eta(1+2\lambda)-\lambda\tau b^2)}{4a\eta(1+2\lambda)-b^2\tau(2+4\lambda+\tau)}$
IT	$\gamma^*_{IN}+\dfrac{\lambda q_0(2a\eta-\tau b^2)^2}{a[4a\eta(1+2\lambda)-\tau b^2(2+4\lambda+\tau)]}$	$f^*_{IN}+\dfrac{\lambda bq_0(2a\eta-\tau b^2)}{a[4a\eta(1+2\lambda)-\tau b^2(2+4\lambda+\tau)]}$	$q^*_{IN}+\dfrac{2q_0\lambda(2a\eta-\tau b^2)}{4a\eta(1+2\lambda)-\tau b^2(2+4\lambda+\tau)}$	$\dfrac{\tau(2a\eta(1+\lambda)(\hat{d}-bq_0)-\lambda\hat{d}(2a\eta-\tau b^2))}{4a\eta(1+2\lambda)-b^2\tau(2+4\lambda+\tau)}$

不同情景下的最优社会福利和社会资本的利润　　　　　　　表4-5

情景	社会资本的利润（π^*）	最优社会福利（w^*）
FB	$\dfrac{\tau\eta(\hat{d}-bq_0)^2[2a\eta(1-\tau)-b^2\tau]}{2(2a\eta-\tau b^2-\tau a\eta)^2}$	$\dfrac{\tau\eta(\hat{d}-bq_0)^2}{2(2a\eta-\tau b^2-\tau a\eta)}$
NO	$\dfrac{\tau\eta(\hat{d}-bq_0)^2}{4a\eta-2\tau b^2}$	$\dfrac{\tau\eta(\hat{d}-bq_0)^2[a\eta(2+\tau)-b^2\tau]}{2(2a\eta-\tau b^2)^2}$

续表

情景	社会资本的利润（π^*）	最优社会福利（w^*）
IN	$\dfrac{(\hat{d}-bq_0)^2\tau\{8a^2\eta(1+2\lambda)^2+2\lambda\tau^2b^4(2+3\lambda+\tau)+ab^2\eta\tau[-4-28\lambda^2+\tau^2-4\lambda(6+\tau)]\}}{2a[4a\eta(1+2\lambda)-b^2\tau(2+4\lambda+\tau)]^2}$	$\dfrac{\tau(\hat{d}-bq_0)^2\left[b^2\lambda^2\tau+a\eta(1+2\lambda)(2+\tau)\right]}{2a\left[4a\eta(1+2\lambda)-b^2\tau(2+4\lambda+\tau)\right]}$
IT	$\pi_{\mathrm{IN}}^*+\dfrac{-8a^3q_0\eta^3\lambda A+\hat{d}\left[\varphi_1\left(2\lambda A-\tau(\lambda+1)\right)-\varphi_3\left(8\lambda A+2\tau(\lambda-1)-\tau^2\right)\right]+}{2a[4a\eta(1+2\lambda)-b^2\tau(2+4\lambda+\tau)]^2}+$ $\dfrac{bq_0\left[\varphi_1\left(\lambda A-\tau(2\lambda+1)\right)+\varphi_3[2\lambda A-2\tau(\lambda+1)-\tau^2]+(2\hat{d}-bq_0)\varphi_2(A+\tau)\right]}{2a[4a\eta(1+2\lambda)-b^2\tau(2+4\lambda+\tau)]^2}$	$w_{\mathrm{IN}}^*+\dfrac{\lambda q_0[4\lambda a^2\eta^2q_0+\lambda\tau^2b^3(2\hat{d}-bq_0)-2ab\eta\tau(2\lambda\hat{d}+\tau bq_0-\tau\hat{d})]}{2a[4a\eta(1+2\lambda)-b^2\tau(2+4\lambda+\tau)]}$

注：$A=2+3\lambda$；$\varphi_1=4a^2b\eta^2\tau$；$\varphi_2=b^5\lambda\tau^3$；$\varphi_3=ab^3\eta\tau^2$。

命题5 市场需求以及政府和社会资本的行为决策满足：

（a）$\gamma_{\mathrm{IT}}^*\geqslant\gamma_{\mathrm{IN}}^*$，当$\lambda=0$或$q_0=0$时，等号成立；

（b）$f_{\mathrm{IT}}^*\geqslant f_{\mathrm{IN}}^*>f_{\mathrm{NO}}^*>f_{\mathrm{FB}}^*$，且当$\lambda=0$或$q_0=0$时，等号成立；

（c）$q_{\mathrm{IT}}^*\geqslant q_{\mathrm{IN}}^*>q_{\mathrm{NO}}^*$，且当$\lambda=0$或$q_0=0$时，等号成立；$q_{\mathrm{FB}}^*>q_{\mathrm{IN}}^*>q_{\mathrm{NO}}^*$，$q_{\mathrm{IT}}^*$和$q_{\mathrm{FB}}^*$之间关系取决于$q_0$和$\lambda$；

（d）$d_{\mathrm{IT}}^*\geqslant d_{\mathrm{IN}}^*>d_{\mathrm{NO}}^*$，且当$\lambda=0$或$q_0=0$时，等号成立；$d_{\mathrm{FB}}^*>d_{\mathrm{IN}}^*>d_{\mathrm{NO}}^*$，$d_{\mathrm{IT}}^*$和$d_{\mathrm{FB}}^*$之间关系取决于$q_0$和$\lambda$。

从命题5（a）可以看出，政府在情景IT下向社会资本提供的激励强度高于情景IN。在情景IT下，政府设立了预期质量目标，只有当社会资本的服务质量水平超过预定水平时，社会资本才可获得奖励。在这种情况下，政府需要提高奖励强度，以促使社会资本实现高于预期水平的服务质量。此外，如果公共资金影子成本为零，则两种情景在激励强度上没有差异，意味着设定预期水平（非零）与否对奖励没有影响。

图4-15表明设定（情景IT）或未设定（情景IN）预期质量两种情况下，奖励（Reward）和惩罚（Punishment）的两种激励机制的可行范围。当预期质量较低而公共资金影子成本较高时，没有适合质量改进的激励策略。图中稀疏的阴影区域对应的q_0和λ，确保了情景IN和情景IT的可行性。上方密集的阴影区域则对应情景IT的可行性。因此，政府可以通过在大多数情况下设定预期质量水平来激励社会资本投入更多以改进服务质量。

命题5（b）指出，除非$\lambda=0$或$q_0=0$，否则社会资本在情景IT中选择的收费价格高于情景IN中的收费价格。因此，当公共资金影子成本降为零或预期质量水平为

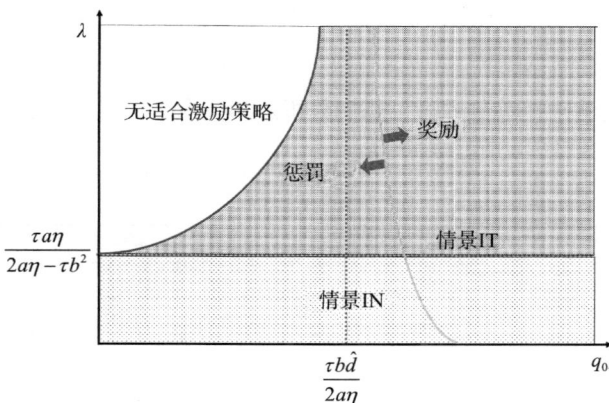

图4-15　两个激励机制的可行区域

零时，情景IT和情景IN之间的收费价格没有差异。否则，政府为社会资本预定的（非零）质量水平将对应更高的收费价格。

关于收费价格，情景IN、情景NO和情景FB在数学上表示为：$f_{IT}^* \geqslant f_{IN}^* > f_{NO}^* > f_{FB}^*$。注意：与政府不提供补贴相比，旨在提高质量的激励措施会提高收费价格。直观来看，社会最优的收费价格（情景FB）是吸引更多需求的最低值。

命题5（c）中，情景IT、情景IN和情景NO中的运营质量关系与上述相同。即，情景IT的质量水平大于或等于情景IN，情景IN的质量水平高于情景NO。上述结果表明，提供激励措施确实可以提高运营质量，除非 $\lambda = 0$ 或 $q_0 = 0$。这种情况下，政府应通过为社会资本设定预期质量水平来进一步提高运营服务质量。此外，情景FB中的最优质量水平高于情景IN，这意味着在没有设定预期质量水平的补贴下，政府可以促进提高资产的运营服务质量。然而，如果政府为社会资本设定了预期服务质量水平，将难以确定情景IT中的最优质量水平是否高于情景FB。

四种情景下市场需求的对比关系与最优质量水平一致［见命题5（d）］。具体而言：与情景NO相比，尽管情景IT和情景IN中的收费价格更高，但其市场需求仍高于情景NO。这是因为激励策略通过提升质量水平显著增强了市场吸引力，抵消了价格上升的负面影响。此外，情景FB的收费价格低于情景IN，而质量更高，因此市场需求在情景FB中更优。这表明，如果政府仅提供补贴但未设定预期质量，则无法实现最优的市场表现。

4.3.5 算例分析

为了检验上述结论，本节进行了算例分析。相关参数值见表4-6。

模型中的关键参数   表4-6

$\hat{d}$	a	b	τ	η	q_0	λ
200	8	6	0.8	4	10	0.5

图4-16证实了政府为社会资本设定的预期服务质量水平能够带来更高的激励强度，反之亦然（如情景IT和情景IN）。这一点也可以从公共资金的社会成本影响中观察到，如果社会成本为零，则改善资产服务质量。图4-16也展示了公共资金影子成本和预期质量对激励强度的综合影响。激励强度随着影子成本的上升而下降，而预期质量对激励强度的单调性同样取决于影子成本。换言之，当影子成本较低时，激励强度会随着服务质量的提高而下降。相反，如果影子成本足够高，激励强度则会随着服务质量的提升而增加。

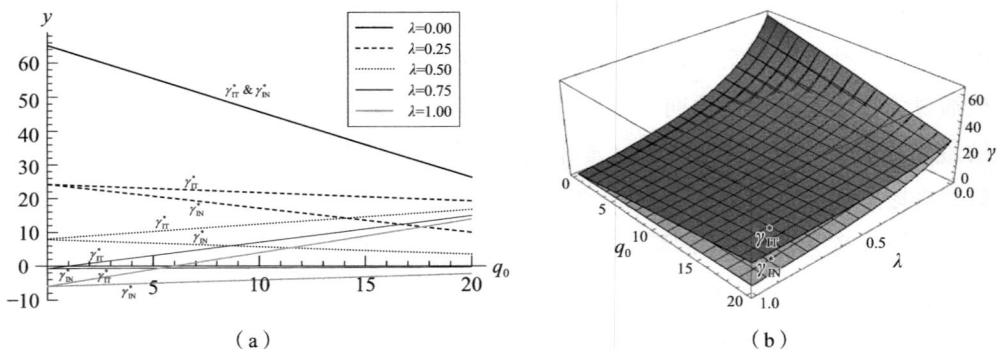

（a）   （b）

图4-16　两种激励机制中最佳合同的性质

（a）公共资金影子成本和预期质量对激励强度的影响；
（b）公共资金影子成本和预期质量对激励强度的综合影响

　　图4-17描绘了社会资本的决策行为，即当公共资金影子成本从0～0.7变化，预期质量水平从0～20变化时，收费价格和质量水平的变化情况，保证了四种情景下解的存在性。图4-17（a）和图4-17（b）分别验证了命题5（b）和命题5（c）。如图4-17（a）所示，情景NO和情景FB下的收费价格与影子成本的相关性较小，而情景IN和情景IT下的收费价格随着影子成本的上升而下降。然而，在四种情景中，较高的预期质量水平会导致收费价格较低，这意味着当预期服务质量水平较高时，社会资本倾向于设定较低的收费价格。图4-17（b）展示了社会资本实际实施的运营质量水平。值得注意的是，情景NO和情景FB下与服务相关的质量水平与影子成本无关。相反，与情景IN和情景IT相关的收费价格随着影子成本的上升而下降。此外，四种情景下的实际服务质量水平随着预期质量水平的提高而下降，但不同情况下的斜率有所不同。总之，预期质量水平对实际质量的影响在情景FB下最大，其次是情景IT、情景IN和情景NO。

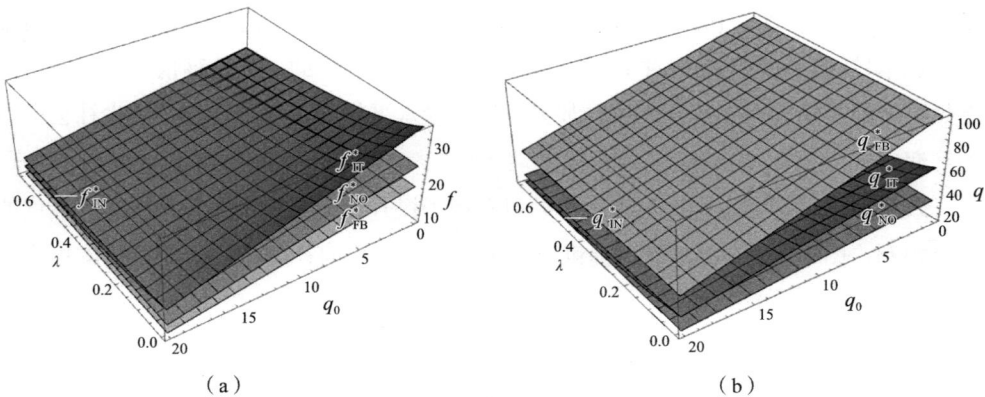

图4-17　社会资本在四种情景下的决策行为

（a）四种情景下收费价格与预期质量水平的变化情况；（b）四种情景下社会资本实际服务质量水平变化情况

　　如图4-18所示，社会最优需求远高于其他情况下的需求，而社会资本的逐利需求则是最小的。此外，激励策略在一定程度上促进了消费者的反应，当政府设定预期运营质量时，市场表现将得到改善。另外，情景NO和情景FB下的市场需求与影子成本无关，而情景IN和情景IT下的服务市场需求则随着影子成本的上升而下降。同时，四种情景下的市场需求随着预期质量水平的提高而下降，但斜率在不同情况下有所不同，这与质量水平的变化一致。

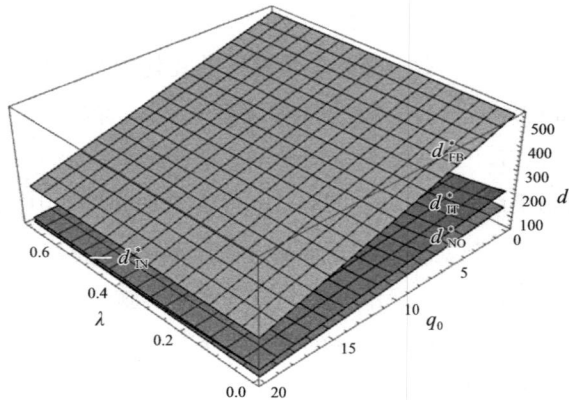

图4-18　在四种情景下的市场需求

图4-19描述了社会资本的利润和社会福利，影子成本范围为0～0.7，预期质量水平范围为0～20。图4-19（a）显示了影子成本和预期质量水平之间的显著关系。由于影子成本较高且预期质量水平较低，情景IT是最具盈利性的。在这种情况下，政府应提供更多的激励。而在情景IN中，如果预期质量水平较高，激励措施将减少社会资本的利润。

政府补贴社会资本相比不提供补贴更有利于提升社会福利，尽管无法实现最优的社会福利［图4-19（b）］。政府提供结合预期质量水平的补贴将产生比情境IN更高的

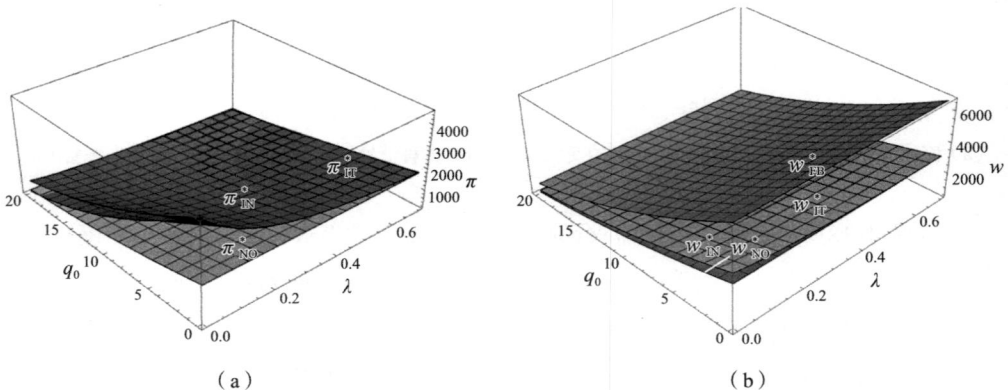

（a）　　　　　　　　　　　　　　（b）

图4-19　四种情景下的社会资本利润和社会福利

（a）四种情景下社会资本的利润变化情况；（b）四种情景下社会福利变化情况

社会福利。结合图4-14，在两种激励机制都可行的情况下，政府应将奖励和减免税收措施与预期质量水平相当。原因在于，社会资本倾向于提供优质服务，从而提升社会福利。

4.3.6 结论与启示

政府激励和运营质量管理对于私营收费公路项目至关重要。然而，关于政府支持公路资产运营的各种激励措施多样性的现有研究不够充分。本研究考虑了私营收费公路项目的相关特征，并确定了可能实施的四种情境，最后通过算例分析比较了四种情境对社会福利和社会资本利润的影响。

研究结果可归纳为以下几个方面。首先，无论政府是否规定了预期服务质量，激励策略都可以改善社会资本的资产服务质量。此外，任何激励策略都会导致收费价格上升，尽管社会资本会确保提供比没有激励的合同更好的表现。其次，常规的激励策略无法确保社会最优的运营质量和市场表现，而预定质量能够实现这一目标。最后，当设定预期质量时，激励强度会随着预期质量的提升而增加。值得注意的是，较低的预期资产服务质量水平会增加社会资本从政府获得奖励的机会。只有当公共资金影子成本低于特定阈值时，才有可行的质量提升激励策略，从而实现更高的社会福利。如果实施预期质量的激励策略，政府将在设定质量水平为零且影子成本较低的情况下奖励社会资本。然而，当社会成本较高时，政府可能会选择减免税收而非奖励社会资本。由于公共资金的额外社会成本和预期质量的综合影响，政府需要在未预定预期质量的情况下提供更高的奖励。

基于理论模型和算例分析发现，政府需要：①保持公共资金影子成本在较低水平，例如提高税收效率和减少税收成本；②在社会成本较高的情况下，制定适当的减免税收机制。如前文所述，通过结合预期质量的合同，能够实现更好的资产运营和市场表现，但需要较高的激励强度。总结而言，设定预期质量水平对于PPP模式下的政府是有利的，前提是政府有足够的预算来鼓励提高服务质量。

本研究不仅具有理论意义，也具有实践价值。本研究补充了现有文献中私营收费公路预期服务质量关注的不足。此外，比较了多种激励措施，以最大化社会福利，为实际操作提供了借鉴。总结而言，本研究通过揭示政府激励策略的特征和影响，提出了更为全面的私营收费公路模型，该模型确保了收费公路服务和社会福利能够在纳税人的利益最大化的前提下得到优化，为交通资产运营决策提供了有力支持。

本研究也存在一定局限性。本研究比较了两种激励策略：设定预期质量和未设定预期质量。然而，实际情况更为复杂。因此，未来的研究也应关注其他形式的补贴，例如税收减免和特许经营期延长。此外，本书假设政府、社会资本和公众之间的信息是对称的，且预期质量与需求函数中的保留质量不存在异质性。然而，信息可以是非对称的，因此未来的研究需要探讨这种情况。

5
总结

本研究旨在深入探讨基础设施PPP项目的可持续性驱动机制与实施路径，并为政府、社会资本和项目管理者提供理论支持和实践指导。随着PPP模式在全球范围内的广泛应用，尤其是在我国，基础设施项目的高效运营已成为社会可持续发展的关键因素之一。然而，PPP项目的可持续性管理不仅需要对项目进行全面的可持续性评价，还需要理解和把握驱动这一可持续目标实现的核心机制。本研究结合系统思维与全生命周期管理，提出了PPP项目可持续性的驱动机制，并构建了相应的理论模型，为基础设施PPP项目的可持续管理提供了系统化的框架。

首先，研究指出PPP项目的可持续性不仅依赖于经济、社会和环境三大维度的平衡，还需要在项目的全生命周期内关注关键利益相关者之间的动态关系。通过构建系统动力学模型，本研究验证了在不同条件下，公共部门与社会资本的投入、利益相关者的合作模式以及政府补贴政策对PPP项目可持续性的影响。研究表明，系统思维是实现PPP项目可持续目标的关键管理理念，必须综合考虑各方利益，尤其是在项目初期阶段加大公共部门的投入，以确保项目在后期能够实现长期的可持续发展。

其次，研究探讨了PPP项目在绩效管理中的跨期效应。通过对PPP项目各阶段绩效之间的相互作用和利益相关者的动态影响进行量化，揭示了项目初期的建设质量和政府政策的决策对项目后期运营质量的重要影响。这一发现强调了在项目全生命周期内持续进行绩效评估和管理的必要性，并为PPP项目的管理者提供了如何根据各阶段的实际情况进行调整的理论依据。

在激励机制方面，研究重点分析了政府补贴对社会资本参与PPP项目的激励效果。通过比较不同的补贴模式，研究发现政府的最优补贴策略不仅要考虑补贴的直接经济效应，还应充分考虑补贴对项目运营质量的长期影响。尤其是在充电桩基础设施等新兴项目中，政府补贴的设计应灵活应对市场需求的不确定性，确保社会资本在提供高质量服务的同时，能够获得合理的利润。此外，研究还提出了结合服务质量提升与收费定价的双重激励机制，为政府制定更加精细化的激励政策提供了实证支持。

另外，研究通过对私营收费公路PPP项目的激励策略进行深入分析，提出了基于预定质量和社会福利最大化的激励方案。研究表明，合理设定预期质量标准，并将其与政府的奖励与减免机制相结合，可以有效激励社会资本提升服务质量，进而实现社会福利的优化。尤其是在公共资金的隐形成本较低时，政府可以通过调整收费价格和补贴政策实现社会资本与消费者利益的双赢。

综上所述，本书为基础设施PPP项目的可持续性提供了多维度的理论视角和实证分析。通过对项目可持续性驱动机制、绩效跨期效应及激励机制的全面探讨，本书不仅深化了对PPP模式的理论认识，还为政府在制定和执行PPP项目的管理政策提供了宝贵的参考。尤其是在推动可持续发展目标的背景下，研究强调了PPP项目管理中的系统思维与跨期绩效管理的重要性，推动了PPP项目管理理论与实践的融合。

参考文献

[1] Chan A P C, Lam P T I, Chan D W M, et al. Critical success factors for PPPs in infrastructure developments: Chinese perspective [J]. Journal of Construction Engineering and Management, 2010, 136(5): 484−494.

[2] Chan A P C, Yeung J F Y, Yu C C P, et al. Empirical study of risk assessment and allocation of public-private partnership projects in China [J]. Journal of Management in Engineering, 2011, 27(3): 136−148.

[3] Chen A, Subprasom K. Analysis of regulation and policy of private toll roads in a build-operate-transfer scheme under demand uncertainty [J]. Transportation Research Part A: Policy and Practice, 2007, 41(6): 537−558.

[4] Chen Z, Ye H, Liu B, et al. Analysis of road capacity and franchise price decision delegation in toll road BOT project [J]. Transportation Research Part E: Logistics and Transportation Review, 2021, 146: 102213.

[5] Feng K, Xiong W, Wang S, et al. Optimizing an equity capital structure model for Public-Private Partnership projects involved with public funds [J]. Journal of Construction Engineering and Management, 2017, 143(9): 04017067.

[6] Feng Z, Zhang S B, Gao Y, et al. Subsidizing and pricing private toll roads with noncontractible service quality: A relational contract approach [J]. Transportation Research Part B: Methodological, 2016, 91: 466−491.

[7] Hueskes M, Verhoest K, Block T. Governing public-private partnerships for sustainability: An analysis of procurement and governance practices of PPP infrastructure projects [J]. International Journal of Project Management, 2017, 35(6): 1184−1195.

[8] Hwang B G., Zhao X, Gay M J S. Public private partnership projects in Singapore: Factors, critical risks and preferred risk allocation from the perspective of contractors [J]. International Journal of Project Management, 2013, 31(3): 424−433.

[9]   Jin L, Zhang Z, Song J. Profit allocation and subsidy mechanism for Public-Private Partnership toll road projects [J]. Journal of Management in Engineering, 2020, 36(3): 04020011.

[10] Jin H, Liu S, Sun J, et al. Determining concession periods and minimum revenue guarantees in public-private-partnership agreements[J]. European Journal of Operational Research, 2021, 291(2): 512-524.

[11] Jin X H, Zhang G. Modelling optimal risk allocation in PPP projects using artificial neural networks[J]. International Journal of Project Management, 2011, 29(5): 591-603.

[12] Koppenjan J F M, Enserink B. Public-private partnerships in urban infrastructures: Reconciling private sector participation and sustainability[J]. Public Administration Review, 2009, 69(2): 284-296.

[13] Loosemore M, Cheung E. Implementing systems thinking to manage risk in public private partnership projects[J]. International Journal of Project Management, 2015, 33(6): 1325-1334.

[14] Li J, Liu B, Wang D, et al. The effects of contractual and relational governance on public-private partnership sustainability[J]. Public Administration, 2024, 102(4): 1418-1449.

[15] Lu Z, Meng Q. Analysis of optimal BOT highway capacity and economic toll adjustment provisions under traffic demand uncertainty[J]. Transportation Research Part E: Logistics and Transportation Review, 2017, 100: 17-37.

[16] Lv J, Zhang Y, Zhou W. Alternative model to determine the optimal government subsidies in construction stage of PPP rail transit projects under dynamic uncertainties[J]. Mathematical Problems in Engineering, 2020(1): 3928463.

[17] Maslova S. Achieving sustainable development goals through public private partnership: Critical review and prospects [J]. International Journal of Innovation and Sustainable Development, 2020, 14(3): 288-312.

[18] Meng J, Xue B, Liu B, et al. Relationships between top managers' leadership and infrastructure sustainability: A Chinese urbanization perspective[J]. Engineering Construction and Architectural Management, 2015, 22(6): 692-714.

[19] Meng X. The effect of relationship management on project performance in construction [J]. International Journal of Project Management, 2016, 30(2): 188-198.

[20] Mok K Y, Shen G Q, Yang R J. Addressing stakeholder complexity and major pitfalls in large cultural building projects [J]. International Journal of Project Management, 2017, 35(3): 463-478.

[21] Ng S T, Wong J M W, Wong K K W. A public private people partnerships (P4)process framework for infrastructure development in Hong Kong [J]. Cities, 2013, 31: 370−381.

[22] Niu B, Zhang J. Price, capacity and concession period decisions of Pareto-efficient BOT contracts with demand uncertainty[J]. Transportation Research Part E: Logistics and Transportation Review, 2013, 53: 1−14.

[23] Pellegrino R, Carbonara N, Costantino N. Public guarantees for mitigating interest rate risk in PPP projects [J]. Built Environment Project and Asset Management, 2019, 9(2): 248−261.

[24] Peng W, Cui Q, Chen J. Option game model for optimizing concession length and public subsidies of Public-Private Partnerships [J]. Transportation Research Record: Journal of the Transportation Research Board, 2014, 2450(1): 109−117.

[25] Song J, Zhao Y, Jin L, et al. Pareto optimization of public-private partnership toll road contracts with government guarantees [J]. Transportation Research Part A: Policy and Practice, 2018, 117: 158−175.

[26] Tan Z, Yang H. Flexible build-operate-transfer contracts for road franchising under demand uncertainty [J]. Transportation Research Part B: Methodological, 2012, 46(10): 1419−1439.

[27] Wang B, Zhang S, Wang X, et al. The influence of quality benefit and marginal contribution on the optimal equity structure of the PPP projects: Balancing public and private benefits [J]. Construction Management and Economics, 2018, 36(11): 611−622.

[28] Wang F, Xiong M, Niu B, et al. Impact of government subsidy on BOT contract design: Price, demand, and concession period [J]. Transportation Research Part B: Methodological, 2018, 110: 137−159.

[29] Wang S Q, Tiong L K. Case study of government initiatives for PRC's BOT power plant project [J]. International Journal of Project Management, 2000, 18(1): 69−78.

[30] Wang Y L, Liu J C, Gao R L, et al. Government subsidies in Public-Private Partnership projects based on altruistic theory [J]. International Journal of Strategic Property Management, 2020, 24(3): 153−164.

[31] Wang D, Wang X, Wang L, et al. A performance measurement system for public-private partnerships: Integrating stakeholder influence and process trans-period effect[J]. International Journal of Productivity and Performance Management, 2023, 72(1): 137−155.

[32] Wang D, Wang X Q, Liu M, et al. Managing public-private partnerships: A transmission pattern of underlying dynamics determining project performance[J]. Engineering, Construction and Architectural Management, 2020, 28(4): 1038−1059.

[33] Wang L, Liu H, Wang D, et al. Delivery of private toll roads: Incentive strategies for improving service quality and social welfare[J]. Socio-Economic Planning Sciences, 2023, 86: 101501.

[34] Wang H, Xiong W, Wu G, et al. Public-private partnership in public administration discipline: A literature review [J]. Public Management Review, 2017, 20(2): 293−316.

[35] Yeung J F Y, Jiang S. Determining appropriate government guarantees for concession contract: Lessons learned from 10 PPP projects in China [J]. International Journal of Strategic Property Management, 2014, 18(4): 356−367.

[36] Yang J, Shen G Q, Ho M, et al. Stakeholder management in construction: An empirical study to address research gaps in previous studies [J]. International Journal of Project Management, 2011, 29(7): 900−910.

[37] Yang Y, Hou Y, Wang Y. On the development of public-private partnerships in transitional economies: An explanatory framework [J]. Public Administration Review, 2013, 73(2): 301−310.

[38] Yu Y, Osei-Kyei R, Chan A P C, et al. Review of social responsibility factors for sustainable development in public-private partnerships[J]. Sustainable Development, 2018, 26(6): 515−524.

[39] Yuan J F, Ji W Y, Guo J Y. Simulation-based dynamic adjustments of prices and subsidies for transportation PPP projects based on stakeholders' satisfaction[J]. Transportation, 2019, 46(6): 2309−2345.

[40] Yuan J, Wang C, Skibniewski M J, et al. Developing key performance indicators for public-private partnership projects: Questionnaire survey and analysis [J]. Journal of Management in Engineering, 2012, 28(3): 252−264.

[41] Yuan J F, Zeng A Y, Skibniewski M J, et al. Selection of performance objectives and key performance indicators in public-private partnership projects to achieve value for money [J]. Construction Management and Economics, 2009, 27(3): 253−270.

[42] Yue X, Lin Y. Effectiveness of punishment and operating subsidy in supervision of China's pension PPP projects: An evolutionary game and simulation analysis [J]. Mathematical Problems in Engineering, 2019: 1−12.

[43] Zhang H, Jin R, Li H, et al. Pavement maintenance-focused decision analysis on concession periods of PPP highway projects[J]. Journal of Management in Engineering, 2018, 34(1): 1−12.

[44] Zhang Y, Feng Z, Zhang S, et al. The effects of service level on BOT transport project contract[J]. Transportation Research Part E: Logistics and Transportation Review, 2018, 118: 184−206.

[45] Zhang X. Critical success factors for public-private partnerships in infrastructure development [J]. Journal of Construction Engineering and Management, 2005, 131(1)：3−14.

[46] 陈晓红, 郭佩含. 基于实物期权的PPP项目政府补偿机制研究[J]. 软科学, 2016, 30（6）: 26−29.

[47] 高颖, 张水波, 冯卓. PPP项目运营期间需求量下降情形下的补偿机制研究[J]. 管理工程学报, 2015, 29（2）: 93−102.

[48] 柯永建, 王守清, 陈炳泉. 私营资本参与基础设施PPP项目的政府激励措施[J]. 清华大学学报（自然科学版）, 2009, 49（9）: 1480−1483.

[49] 苗东升. 论系统思维（三）: 整体思维与分析思维相结合[J]. 系统辩证学学报, 2005（1）: 1−5, 11.

[50] 王璐, 王丹, 王雪青. 考虑两期质量的交通运输PPP项目补贴和定价研究[J]. 管理工程学报, 2021, 35（5）: 173−183.

[51] 王颖林, 刘继才, 赖芨宇. 基于投资方投机行为的PPP项目激励机制博弈研究[J]. 管理工程学报, 2016, 30（2）: 223−232.

[52] 熊伟, 诸大建. 以可持续发展为导向的PPP模式的理论与实践[J]. 同济大学学报（社会科学版）, 2017, 28（1）: 78−84, 103.

[53] 徐飞, 宋波. 公私合作制（PPP）项目的政府动态激励与监督机制[J]. 中国管理科学, 2010, 18（3）: 165−173.

[54] 叶晓甦, 邓云. 伙伴关系视角的PPP基础设施项目可持续性实现途径研究[J]. 科技管理研究, 2014, 34（12）: 189−193.

[55] 张惠琴, 王金春, 陶虹琳. 基于前景理论的PPP项目投资者决策行为研究[J]. 软科学, 2018, 32（8）: 129−133.

[56] 张璞, 王丽萍, 张培, 等. PPP项目可持续能力评价模型研究[J]. 技术经济与管理研究, 2017（2）: 14−17.

[57] 张万宽. 发展公私伙伴关系对中国政府管理的挑战及对策研究[J]. 中国行政管理，2008，
    1：46-48.

[58] 张逸婷，王雪青，马睿，等. 基于绩效测度的充电桩基础设施PPP项目补贴模型研究[J].
    管理工程学报，2024，38（5）：221-234.